Hausverwalter Dr. Stephan Walochnik

Meine Eigentumswohnung
—
Ein Leitfaden für Selbstnutzer

Alles zu gesetzlichen Grundlagen,

Nutzung, Kosten und Zuständigkeit,

Jahresabrechnung und Eigentümerversammlung,

Aufgaben von Verwalter und Beirat.

Extra: Überblick über die WEG-Reform 2020.

Erste Auflage, Düsseldorf 2023

Copyright © 2023 Stephan Walochnik, Düsseldorf

Unabhängig veröffentlicht

Dieses Werk einschließlich aller seiner Teile ist urheberrechtlich geschützt. Jede Verwertung ist ohne ausdrückliche Zustimmung des Verlags unzulässig. Das gilt insbesondere für Vervielfältigungen, Übersetzungen, Mikroverfilmungen, und die Einspeicherung und Verarbeitung in elektronischen Systemen.

Haftung für externe Links: Dieses Buch kann externe Links enthalten. Diese wurden bis zum Zeitpunkt der Drucklegung des Buches geprüft. Auf etwaige Änderungen zu einem späteren Zeitpunkt hat der Verlag keinen Einfluss. Eine Haftung ist daher ausgeschlossen.

Umschlaggestaltung: Valentina P., Fiverr (@vikiana)

Lektorat: Rainer Schiemann

Abbildungen: Stephan Walochnik

Vertrieb, Druck & Bindung: Amazon oder verbundene Unternehmen

Website zum Buch: www.meine-eigentumswohnung.de

ISBN Taschenbuch: 978-3-9825699-8-7

ISBN gebundene Ausgabe: 978-3-9825699-7-0

ISBN E-Book: 978-3-9825699-9-4

Inhaltsverzeichnis

Warum dieses Buch? 1

Kapitel 1: Was ist eine Eigentumswohnung? 5

Was ist eine WEG? 7

Wie entsteht eine WEG? 8

Wer bezahlt, wer ist zuständig und wer darf was nutzen? 9

Ihr Miteigentumsanteil kennt keine Quadratmeter 11

Sondereigentum und Gemeinschaftseigentum 13

Ihr Garten – ein ganz besonderes Privileg 16

Die gängigsten Beispiele 17

Beispiel Fenster 19

Beispiel Balkon 20

Beispiel verstopfte Abwasserleitung 24

Beispiel Wasserzähler 26

Beispiel Heizung 27

Wenn Gemeinschaftseigentum zum Problem wird 29

Wie ist Ihre Eigentumswohnung versichert? 32

Schließen Sie niemals die Haustür ab! 34

Das Dilemma der Hausordnung 36

Kapitel 2: Jahresabrechnung 39

Was ist eigentlich die WEG-Jahresabrechnung? 41

Einfach und verständlich? 44

Die WEG-Jahresabrechnung 46

Teil 1: Verteilung der Kosten 46

Teil 2: Wie viel muss ich überweisen? 48

Teil 3: Keine Rücksicht auf Vorauszahlungen? 50

Saldo, Abrechnungsspitze, Wirtschaftsplan. Ein Beispiel: 52

Teil 4: Die Umlageschlüssel 54

Häufig verwendete Umlageschlüssel: 56

Rechnungsabgrenzung oder nicht? Über Heizkosten ....
und die (ehemals) simple Logik der WEG-Abrechnung 58

Erhaltungsrücklage: Das Vereinssparschwein der WEG.............. 61

Das Sparkonto ist nicht die Rücklage! 65

Die optimale Höhe der Rücklage? 67

Selber schuld? Die Sonderumlage 70

WEG-Abrechnung bei Eigentümerwechsel 73

Inhaltsverzeichnis V

Kapitel 3: Eigentümerversammlung 77

Was macht eigentlich die Eigentümerversammlung? 79

Was ist der Unterschied zwischen einer Besprechung ....
und einem Beschluss? 84

Verwalter, Beirat und Eigentümerversammlung 86

Rechtswidriger Beschluss 90

Teil 1: Das kann teuer werden! 90

Teil 2: Heute lassen wir mal den Beirat zahlen 94

Teil 3: Der gültige Beschluss 96

Was bedeutet eigentlich „ordnungsmäßige Verwaltung"? 98

Wenn der Beschlussvorschlag auf der EV ....
noch geändert werden soll 101

Nachträgliches „Umlügen" von Beschlüssen 104

Tagesordnungspunkt „Sonstiges" – das kann ins Auge gehen! ... 107

Hartnäckiger Glaube an den „Vorratsbeschluss" 111

Eigentümerversammlung vs. Umlaufbeschluss 115

Beschluss vs. Vereinbarung 117

Textform vs. Schriftform 120

Formen und Fristen der EV am Beispiel „kaputte Fenster" 122

Die Online-Eigentümerversammlung 126

Rechtliche Voraussetzungen einer ....
Online-Eigentümerversammlung 131

Die „Kennenlern-Eigentümerversammlung" ....
mit Ihrem neuen Verwalter... 135

Kapitel 4: Reparaturen **137**

Ich möchte meine Eigentumswohnung renovieren – ....
Was muss ich beachten?.. 139

Wer zahlt bei Regenwasserschaden?.. 147

Süchtig nach Angeboten, blind für den Rest 150

Der Verwalter ist kein Architekt 151

Größere Baumaßnahme? Immer mit einem Architekten!............. 153

Kapitel 5: WEG-Reform 2020: Neue Bedingungen **157**

Frischer Wind... 159

Die neuen Regeln – Eine Zusammenfassung 161

Umlaufbeschluss und (Online-) Eigentümerversammlung........... 169

Der neue Umlaufbeschluss – reicht jetzt die einfache Mehrheit? 173

51 Prozent für alle! Das zweischneidige Schwert ....
der Mehrheitsverhältnisse.. 176

Wenn die Eigentümer die Kostenverteilung ....
nachträglich ändern möchten... 178

Inhaltsverzeichnis VII

Änderungen im Beirat 182

Bauliche Veränderungen 184

Dreidimensionale Sondernutzungsrechte? 187

Unbeschränkbare Vertretungsmacht des WEG-Verwalters? 188

Der Verwalter kann jederzeit abberufen werden! 190

Grund zum Jammern für die Verwalter? ....
Aber wo ist der Kundenservice? Eine Klarstellung. 192

Transparenzgebot! Oder: Wem gehört das Geld? 195

Kapitel 6: Warum läuft so vieles schief? 197

Vorsicht Falle? Mit der Wohnungssuche fängt es an! 199

Verwalter, die weder die Kommunikation ....
noch ihren Job beherrschen 201

„Komplizierte" Miteigentümer 203

„Präsidiale" Verwaltungsbeiräte 205

Warum ist die Hausverwaltung nie erreichbar? 207

   Teil 1: Immer das gleiche 207

   Teil 2: Das Pareto-Prinzip 210

   Teil 3: Verrückte Kunden und die Negativselektion 212

BWL für Hausverwalter –
Weg von der überarbeiteten Büroleiche 216

Warum erklärt der Notar Ihnen das nicht? 220

Abkürzungsverzeichnis

Im Zusammenhang mit Eigentumswohnungen gibt es sehr viele sperrige, lange Wörter, wie z.b. „Wohnungseigentümergemeinschaft", „Eigentümerversammlung" oder „Wohnungseigentumsgesetz". Würde ich sie ständig ausschreiben, wäre der Text nur noch schwer lesbar. Wenn ich aber andauernd Abkürzungen verwenden würde, dann würde es die Leser zu sehr durcheinanderbringen. Ich werde versuchen, den Mittelweg zu gehen und unter jeder neuen Überschrift die Begriffe mindestens einmal auszuschreiben, aber sie danach abzukürzen. Die verwendeten Abkürzungen finden Sie hier. Allgemein bekannte Abkürzungen wie „z.b." für „zum Beispiel" führe ich aus Gründen der Übersichtlichkeit hier nicht auf.

BGB	Bürgerliches Gesetzbuch
BGH	Bundesgerichtshof
DG	Dachgeschoss
EG	Erdgeschoss
EV	Eigentümerversammlung
GE	Gemeinschaftseigentum
GO	Gemeinschaftsordnung
	(ein Teil der Teilungserklärung)
HeizKV	Heizkostenverordnung
MEA	Miteigentumsanteil
OG	Obergeschoss
SE	Sondereigentum
TE	Teilungserklärung
TOP	Tagesordnungspunkt
UB	Umlaufbeschluss
WE	Wohneinheit
WEG	Wohnungseigentümergemeinschaft
WoEigG	Wohnungseigentumsgesetz
SP	Stellplatz

Warum dieses Buch?

Unser Alltag ist voll mit unterschiedlichen Regeln und Konventionen, die wir meist beherrschen, selbst wenn es für unseren Beruf und Alltag gar nicht wichtig ist. Abseits, Schwalbe und Elfmeter kennt jeder. Wir wissen, wie man mit EC-Karte zahlt, eine Fahrkarte der Rheinbahn kauft, ein Taxi ruft oder WhatsApp benutzt.

Und wie ist das mit den Rechten und Pflichten in Ihrer Eigentumswohnung? Die kennen nur die wenigsten. Wer zahlt bei Rohrverstopfung oder Balkonsanierung – und wer ist für die Heizung zuständig? Was ist, wenn die Klingel nicht funktioniert? Die Regeln des Wohnungseigentumsgesetzes (WoEigG) beeinflussen Ihr tägliches Leben wesentlich mehr, als Sie denken. Und trotz des wesentlichen Einflusses, den Immobilien und vor allem Eigentumswohnungen auf ihr tägliches Leben ausüben, wissen die meisten Eigentümerinnen und Eigentümer herzlich wenig über diese Rechtsform.

Anders als beim Führerschein, wo der Fahrlehrer Ihnen alles haarklein erklärt, bevor man Sie auf den Straßenverkehr loslässt, gibt es für Wohnungseigentümergemeinschaften niemanden, den Sie fragen könnten, wenn Sie gerade Eigentümer geworden sind. Zumindest niemanden, dessen *Aufgabe* es ist, Ihnen die Grundlagen des WEG-Rechts zu erklären. Die Beurkundung des Kaufvertrags ist zwar die Türschwelle zum Wohnungseigentum, aber meistens stellen die Notare beim Vorlesen des Kaufvertrags lieber Geschwindigkeitsrekorde auf, anstelle Aufklärungsarbeit zu leisten. Und die WEG-Verwalter? Viele von ihnen sind mit dem täglichen Job dermaßen überlastet, dass sie keine Zeit für Sie, die Kundinnen und Kunden, haben. Nur die wenigsten Verwalter erklären überhaupt irgendwas – sofern sie überhaupt erreichbar sind.

Es ist also nicht gerade verwunderlich, dass viele Eigentümer sich in ihrer Rechtsform „WEG" nicht wirklich auskennen. Das Problem daran: Es geistern viele gefährliche Halbwahrheiten durch die Köpfe. Wen sollen Sie auch fragen? Am Ende wird gegoogelt – und vielleicht findet man in irgendeinem Wald-und-Wiesen-Forum ein paar Halbwahrheiten, die dann oft für bare Münze gehalten werden. Das kann ins

Auge gehen! Die ergoogelten „Fakten" stammen oftmals aus dem Mietrecht – denn dazu gibt es viel mehr Quellen und Ratgeber – aber im Mietrecht gelten völlig andere Rechtsgrundlagen.

Gefährlich wird es, wenn Eigentümer (oder Verwalter) solche Halbwahrheiten für bare Münze nehmen. Lückenhafte Kenntnisse bergen Konfliktpotential. Wenn dann auch noch einige Eigentümer der WEG stur und unbelehrbar sind, drohen Ihrer WEG schlimmstenfalls jahrelange Grabenkämpfe vor Gericht: Pro Jahr gibt es laut Statistischem Bundesamt rund 25.000 WEG-Verfahren wegen sogenannter Binnenstreitigkeiten – und das nur vor den Amtsgerichten. Wir sprechen nicht von Rechtsstreitigkeiten mit Nachbarn, Bauträgern, der Versicherung und auch nicht von jemandem, der bei Glatteis auf die Nase gefallen ist. Es handelt sich allein um Binnenstreitigkeiten innerhalb der WEG. Da geht es um Beschlussanfechtungen, bauliche Veränderung ohne Genehmigung und so weiter. Regelmäßig zahlt der Verlierer Gerichts- und Anwaltskosten. Auch die des Gegners. Eine verlorene Anfechtungsklage kann schnell 5.000 EUR kosten. Besonders traurig ist Streit, der nur aufgrund falscher Vorstellungen entsteht, die mit denen der Nachbarn kollidieren. Manchmal beißen sich Eigentümer fest, weil sie gefährliches Halbwissen mit geltendem Recht verwechseln. Und oft genug versagt die überforderte Hausverwaltung bei der Aufklärungsarbeit. Missverständnisse bleiben ungeklärt und entwickeln sich im Laufe der Jahre zu tiefen Gräben.

Häuser in der Rechtsform einer WEG sind im deutschen Recht etwas ganz besonderes, weil es sowohl Gebäudeteile gibt, die Ihnen alleine gehören (das sog. Sondereigentum) als auch Gemeinschaftseigentum, das jedem Eigentümer zu einem gewissen Anteil gehört. Um die Verhältnisse zu ordnen, gibt es eine ganze Reihe an sonderbaren, gesetzlichen Regelungen, die auf den ersten Blick nicht jedem sofort einleuchten, geschweige denn logisch erscheinen. Im Gegensatz zum Führerschein brauchen Sie keinerlei Vorkenntnisse oder Prüfungen, um Wohnungseigentümer zu werden – obwohl das sehr hilfreich wäre.

Der Gesetzgeber hat sich die Rechtsform *Eigentumswohnung* im Jahr 1951 ausgedacht, um nach dem Krieg bezahlbaren Wohnraum zu schaffen. Und auch heute noch ist sie für kleine und mittlere Einkommen oftmals der einzig finanzierbare Weg, den Traum vom Eigenheim zu

Warum dieses Buch? 3

verwirklichen. Immobilien werden manchmal auch „Vermögensakkumulatoren" genannt. Zwar zahlen Sie der Bank inzwischen wieder Zinsen für den Immobilienkredit, und doch müssen Sie mit dem Tilgungsanteil jeden Monat ein paar Euros „zwangssparen". Im Laufe der Jahre summiert es sich kräftig. Und nach 30 Jahren ist die letzte Rate getilgt. Spätestens jetzt wohnen Sie mietfrei. Immer wieder belegen Statistiken, dass selbstnutzende Immobilienbesitzer am Ende des Lebens wesentlich vermögender sind als Mieter.

Dieses Buch soll etwas Licht ins Dunkel bringen, damit Sie Ihre selbstgenutzte Altersvorsorge besser kennenlernen und von jetzt an auch genießen können. Mit diesem Buch möchte ich Aufklärungsarbeit über die Rechtsform WEG leisten und Ihnen häufig gestellte Fragen beantworten.

In Kapitel 1 geht es um die Grundlagen von Eigentumswohnungen, den Unterscheid zwischen Sonder- und Gemeinschaftseigentum, der sich darauf auswirkt, was Sie bezahlen müssen und wofür der WEG-Verwalter zuständig ist. Die wichtigsten Grundlagen werden anhand vieler geläufiger Beispiele erklärt. Sie finden hier auch Antworten auf häufig gestellte Fragen, beispielsweise zur Versicherung Ihrer Wohnung, zur Gartennutzung oder zur Teilungserklärung. Kapitel 2 und 3 widmen sich mit Jahresabrechnung und Eigentümerversammlung den zwei großen Themengebieten jeder WEG, die Sie unbedingt kennen müssen. In Kapitel 2 zur Jahresabrechnung geht es u.a. um den Unterschied zwischen Rücklage und Sparkonto, um Sonderumlagen und die Besonderheiten der Abrechnung bei Eigentümerwechsel. Kapitel 3 behandelt neben der Eigentümerversammlung auch die Zusammenarbeit zwischen Verwalter, Beirat und Wohnungseigentümern. Sofern es von den bisherigen Themen noch nicht abgedeckt ist, widmet sich Kapitel 4 kurz den Reparaturen und Erhaltungsmaßnahmen. Kapitel 5 gibt Ihnen einen Überblick über die WEG-Reform des Jahres 2020. Hier wurden viele eigentümerfreundliche Neuerungen ins Gesetz aufgenommen. Viele Grundregeln haben sich fundamental geändert, was bisher aber nicht jeder Eigentümer mitbekommen hat. Daher werden die neuen Regeln noch einmal ausführlich erklärt und der alten Rechtslage gegenübergestellt. Das Buch schließt in Kapitel 6 mit einem Überblick, welche Probleme in Wohnungseigentümergemeinschaften leider allzu häufig auftreten.

Haftungsausschluss: Obwohl das ja eigentlich klar sein müsste... Dieses Buch bietet keine Rechtsberatung. Ich bin kein Rechtsanwalt und meine Beiträge stellen weder eine rechtliche Beratung dar noch können aus ihnen allgemeinverbindliche Regeln oder Lösungen abgeleitet werden. Die hier genannten Regeln und Beispiele gelten unter bestimmten Voraussetzungen. Jeder Einzelfall ist anders und bringt bestimmte Besonderheiten mit sich. Wenn Sie einen Ratschlag für einen ganz bestimmten Fall benötigen, nehmen Sie bitte kostenpflichtige rechtliche Beratung in Anspruch. Fragen Sie Ihren qualifizierten Fachanwalt und übernehmen Sie nicht undifferenziert alles, was Sie lesen. Treffen Sie aufgrund allgemein gehaltener Ratschläge keine Entscheidungen, sondern konsultieren Sie gute Berater und Ihren gesunden Menschenverstand.

Und nun wünsche ich Ihnen gute Unterhaltung.

Herzliche Grüße

Dr. Stephan Walochnik

Kapitel 1: Was ist eine Eigentumswohnung?

Was ist eine WEG?

Auf dem Grundstück steht zwar nur ein Haus, aber die verschiedenen Wohnungen darin können unterschiedlichen Personen gehören. Man spricht von einer **WohnungsEigentümerGemeinschaft**, kurz WEG. Sie ist eine Rechtsform, ähnlich einem Verein oder einer Aktiengesellschaft. Man spricht aber nicht von der Musterstraße 123 e.V., sondern von der WEG Musterstraße 123, die laut Gesetz immer die Adresse des Anwesens beinhalten muss. Der Gesetzgeber wollte nach dem Krieg möglichst vielen Menschen bezahlbaren Wohnraum ermöglichen und schuf 1951 das Wohnungseigentumsgesetz, kurz WoEigG. Die Gemeinschaft wird also als WEG bezeichnet, während das Gesetz mit WoEigG abgekürzt wird.

Als Wohnungseigentümer sind Sie Teilhaber der WEG, quasi einer ihrer „Aktionäre". Ihre Eigentumswohnung gehört Ihnen ganz alleine – und daneben ein prozentualer Teil vom restlichen Gebäude und seinen Bauteilen, z.b. von Treppenhaus, Dach und Heizung.

Ohne WEG gäbe es nach den normalen gesetzlichen Regeln entweder nur Alleineigentum oder nur BGB-Gesamteigentum, aber nicht beides zusammen. Bevor es das WoEigG gab, war es zwar auch schon möglich, dass mehrere Leute ein Mehrfamilienhaus gemeinsam besitzen, aber jedem Eigentümer gehörte dann ein *ideeller* Anteil von allem. Ohne WEG würde einfach alles zum gemeinsamen Grundbesitz gehören: Sämtliche Wohnzimmer, alle Keller, sämtliche Räume und Treppenhäuser, alle Etagen usw. Niemand wäre Eigentümer einer bestimmten Wohnung.

Wie entsteht eine WEG?

Eine WEG entsteht durch notarielle Teilungserklärung. Der bisherige Alleineigentümer – z.b. der Bauträger oder eben der frühere Alleineigentümer – „erklärt" seinem Haus „die Teilung". Und lässt den Notar eine Urkunde verfassen, die das Gebäude in einzelne Wohnungen und gemeinschaftliche Flächen aufteilt. Anschließend gibt es ebenso viele Grundbücher wie Wohneinheiten, obwohl es sich um ein einziges Grundstück handelt. Von nun an können unterschiedliche „Teile" desselben Gebäudes verschiedenen Eigentümern gehören, also z.B. Wohnungen, Garagen, Büros usw. Nun können Sie sich eine einzelne Wohnung kaufen, ohne gleich das ganze Haus kaufen zu müssen.

Die Teilungserklärung ist ein Dokument, das beim Grundbuchamt hinterlegt wird. Normalerweise erhalten Sie es vom Verkäufer, vom Makler oder spätestens vom Notar, bevor der Kaufvertrag beurkundet wird. Außerdem können Sie es jederzeit beim Grundbuchamt anfordern.

Kapitel 1: Was ist eine Eigentumswohnung? 9

Wer bezahlt, wer ist zuständig und wer darf was nutzen?

Nehmen wir zum Beispiel Fenster, Rollläden oder Wohnungstüren. All das gehört laut §5 WoEigG zwangsläufig zum Gemeinschaftseigentum. Zu den Gründen kommen wir gleich. Für Sie als Eigentümer ist der Unterschied zwischen Sonder- und Gemeinschaftseigentum wichtig, denn danach richtet sich, wer zuständig ist, wer zahlen muss und wer was nutzen darf.

Viele Dinge, mit denen Sie auch innerhalb Ihrer Wohnung zwangsläufig Berührungspunkte haben – z.b. Ihre Rollläden – gehören zum Gemeinschaftseigentum, sie gehören also allen. Wenn sich der Rollladen im Wohnzimmer nicht mehr hochziehen lässt, ist der Verwalter (als Vertreter der WEG) zuständig, die Reparatur zu beauftragen und die Rechnung vom WEG-Konto zu bezahlen. Es gibt Ausnahmen, auf die wir noch zu sprechen kommen.

Das gilt natürlich auch für Ihre Nachbarn. Wenn eine Etage höher das Fenster kaputt ist, dann bezahlen Sie anteilsmäßig mit. Der Grund ist der gleiche: Die Fenster gehören allen. Ihr Miteigentumsanteil (MEA) besagt, wie viel Prozent des Gemeinschaftseigentums Ihnen gehören. Entsprechend diesem Prozentsatz zahlen Sie sowohl bei „Ihren eigenen" als auch bei den Reparaturen Ihrer Nachbarn mit. Was man aber so eigentlich gar nicht sagen kann, denn es gehört ja weder Ihnen noch Ihren Nachbarn, sondern allen – und befindet sich eben nur zufällig im Bereich des Sondereigentums. Rechtlich gibt es keinen Unterschied zu anderen Teilen des Gemeinschaftseigentums, z.B. Heizung oder Dach. Deswegen zahlen Sie nur dann mit, wenn Gemeinschaftseigentum „im räumlichen Bereich" Ihres Nachbarn zu reparieren ist. Wenn er aber sein Badezimmer saniert oder eine neue Küche bekommt, hat Ihr Geldbeutel damit nichts zu tun. Was zum Sonder- und was zum Gemeinschaftseigentum gehört, können Sie in Ihrer Teilungserklärung nachlesen.

Nun gibt es Teilungserklärungen, in denen steht, dass Sie trotzdem die Kosten Ihrer Fenster oder Rollläden selbst bezahlen müssen, obwohl sie Gemeinschaftseigentum sind. Das ist zulässig. Die Verfasser solcher Urkunden wollten wahrscheinlich dem Prinzip Fairness entsprechen, damit jeder „seine" Fenster selbst bezahlt. Eine gute Idee. Aber Vorsicht: Eigentum und Kostentragung sind zwei Paar Schuhe! Die Fenster bleiben trotzdem Gemeinschaftseigentum, es wird nur geregelt, dass Sie diese selbst bezahlen müssen. Sie dürfen „Ihre" Fenster trotzdem nur mit Zustimmung der WEG ersetzen, damit sichergestellt ist, dass das äußere Erscheinungsbild gewahrt bleibt.

In manchen Teilungserklärungen werden Fenster kurzerhand zu Sondereigentum erklärt. Solche Regelungen sind aber ungültig. Gerichte legen diese Bestimmungen in der Regel so aus, als ob nur die Kostentragung gemeint wäre.

## Ihr Miteigentumsanteil kennt keine Quadratmeter

Ganz allgemein gehört Ihnen nicht nur Ihre Eigentumswohnung (das Sondereigentum), sondern auch ein prozentualer Anteil am Gemeinschaftseigentum. So steht es in §6 WoEigG: Beides ist untrennbar verbunden. In der Teilungserklärung gibt es wahrscheinlich einen Abschnitt „Liste der Miteigentumsanteile", in dem Sie Ihre Wohnung finden:

„106,49 / 1.000 Miteigentumsanteil an dem Grundbesitz, verbunden mit dem Sondereigentum an der Wohnung 4, 1. Obergeschoss links, bestehend aus Wohnzimmer, Schlafzimmer, Küche, Diele, Bad, WC, Balkon, Kellerraum mit einer Wohnfläche von ca. 65,43 qm, im Aufteilungsplan mit Nummer 4 bezeichnet."

Das Besondere am Wohnungseigentum ist, dass zwei Eigentumsarten miteinander *verbunden* sind, nämlich direktes, ausschließliches Eigentum an Ihrer Wohnung und ein ideeller, prozentualer Anteil am Gesamteigentum.

Die Miteigentumsanteile müssen übrigens nicht dem prozentualen Verhältnis der Quadratmeter aller Wohnungen entsprechen, auch wenn viele Eigentümer das immer noch glauben. Der MEA hat aber wirklich nichts mit der Wohnfläche Ihrer Wohnung zu tun.

Während die Quadratmeter ein Flächenmaß für den Inhalt Ihrer Wohnung sind, die übrigens hauptsächlich im Mietrecht gebraucht werden, stammen MEA aus dem Wohnungseigentumsrecht und sagen etwas über Ihren prozentualen Anteil am Gemeinschaftseigentum aus. Der Miteigentumsanteil muss durch die Teilungserklärung erst mit Ihrer Wohnung verbunden werden.

„106,49 / 1.000 Miteigentumsanteil an dem Grundbesitz, <u>verbunden mit</u> dem Sondereigentum an der Wohnung 4, 1. Obergeschoss links, bestehend aus…"

- Die qm messen als Flächenmaß die Innenseite Ihrer Wohnung (Sondereigentum).

- Die MEA geben Auskunft, wie viel Prozent vom Grundstück bzw. vom Gemeinschaftseigentum Ihnen gehört (Gemeinschaftseigentum).

Trotzdem stimmen die prozentualen Verhältnisse von Quadratmeter und MEA in vielen Teilungserklärungen überein (aber längst nicht in allen), weil z.b. der Bauträger das geläufige Missverständnis von vornerein vermeiden möchte. MEA und qm werden für verschiedene Abrechnungen gebraucht:

- Im Mietrecht sind qm der vorrangige Umlageschlüssel für die Betriebskostenabrechnung. Wenn im Mietvertrag nichts anderes vereinbart ist, werden Kosten nach qm auf die Mieter umgelegt. Man setzt die Flächen der Wohnungen zueinander in Beziehung.

- Im Wohnungseigentumsrecht verwendet man die MEA als Umlageschlüssel für die Jahresabrechnung, sofern in der Teilungserklärung oder per Beschluss nichts anderes vereinbart wurde. Also kein Flächenmaß für die Innenseite Ihrer Wohnung, sondern ein Prozentsatz für Ihren Anteil am Grundstück bzw. am Gemeinschaftseigentum.

Vielleicht ahnen Sie schon, dass vermietende Wohnungseigentümer zwei Abrechnungen mit ganz anderen Umlageschlüsseln erstellen müssen? Schließlich bekommen Sie vom WEG-Verwalter eine Jahresabrechnung, die die Kosten nach MEA verteilt, und müssen dem Mieter gegenüber nach qm abrechnen. Falls MEA und qm abweichen, kommt auf jeden Fall ein anderes Abrechnungsergebnis heraus. Das weiß auch der Gesetzgeber und hat das Dilemma im Jahr 2020 gelöst: Das Mietrecht regelt in §556a BGB, dass der Vermieter einer Eigentumswohnung auch seinem Mieter gegenüber nach MEA abrechnen darf – zumindest, wenn im Mietvertrag nicht ausdrücklich etwas anderes vereinbart wurde.

Sondereigentum und Gemeinschaftseigentum

Zu Ihrem Sondereigentum gehören Räume, die in der Teilungserklärung ausdrücklich genannt sind und Ihnen zugeordnet wurden. Voraussetzung dafür ist übrigens, dass die Räume nach außen hin abgeschlossen sind, also dass Mauern Ihre Wohnung nach außen hin begrenzen bzw. eine Türe sie vom Treppenhaus trennt. In der Teilungserklärung könnte z.B. stehen:

> *„Die im Grundriss (Anlage 1) mit Ziffer 4 bezeichneten Wohnräume im 1.OG links (65,43 qm) werden dem Sondereigentum Nr. 4 zugeordnet..."*

Während Sondereigentum also ausdrücklich zugeordnet werden muss (und ansonsten Gemeinschaftseigentum bleibt), gibt es wiederum bestimmte Fälle, in denen Gebäudeteile aus gesetzlichen Gründen auf jeden Fall Gemeinschaftseigentum bleiben müssen, selbst wenn die Teilungserklärung etwas anderes sagt. Diese Bereiche des Hauses gehören dann allen gemeinsam – wie in der BGB-Gemeinschaft.

Zwingendes Gemeinschaftseigentum sind z.B. Teile des Gebäudes, die

- seine äußere Gestaltung beeinflussen
  (z.B. Wohnungstüren, Fassade, Fenster, Dach),

- für dessen Bestand oder Sicherheit erforderlich sind
  (z.B. Fundamente, tragende Wände) oder

- dem gemeinschaftlichen Gebrauch dienen
  (z.B. Treppenhaus, Heizung, Aufzug).

Kapitel 1: Was ist eine Eigentumswohnung?

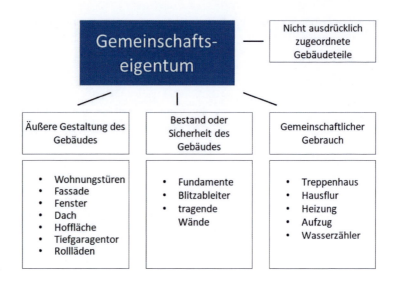

Sie sehen schon, dass nicht alles, was hinter Ihrer Wohnungstüre kommt, zwangsläufig Ihnen gehört: Beispielsweise tragende Wände sowie die Hauptleitungen für Wasser und Strom sind Gemeinschaftseigentum, auch wenn sie durch Ihre Wohnung laufen, denn sie dienen dem Bestand des Gebäudes bzw. dem gemeinschaftlichen Gebrauch. Wohnungstür, (Außen-) Fenster und Rollläden sind ebenfalls zwangsläufig Gemeinschaftseigentum, weil sie das Erscheinungsbild Ihres Gebäudes ausmachen.

Kosten und Eigentum können aber voneinander abweichen: Es gibt Teilungserklärungen, in denen z.B. die Instandhaltungskosten „Ihrer" Rollläden auf Sie umgelegt werden, obwohl sie Gemeinschaftseigentum sind. Ziel ist eine möglichst „faire" Verteilung der Kosten entsprechend der Nutzung. Da sie nicht Ihr Eigentum sind, benötigen Sie für einen Austausch dennoch die Genehmigung der WEG, auf die Sie aber vor allem bei reparaturbedürftigen Bauteilen ein Anrecht haben.

Nicht nur eine Wohnung kann Sondereigentum sein, sondern auch ein Ladenlokal, eine Praxis, ein Kellerraum oder eine Garage. Deswegen finden Sie in Ihrer Teilungserklärung möglicherweise verschiedene Begriffe:

Kapitel 1: Was ist eine Eigentumswohnung? 15

- Wohnräume nennt man Wohnungseigentum.
- Gewerbe-, Praxis-, Büro-, Kellerräume oder Garagen, also alles, worin man nicht so richtig wohnen kann, nennt man Teileigentum.
- Sondernutzungsrechte sind kein Sondereigentum, sondern das ausschließliche Recht, einen Teil des Gemeinschaftseigentums allein zu nutzen, z.B. Gärten. Seit der WEG-Reform des Jahres 2020 können Gärten übrigens auch Sondereigentum sein (müssen es aber nicht).

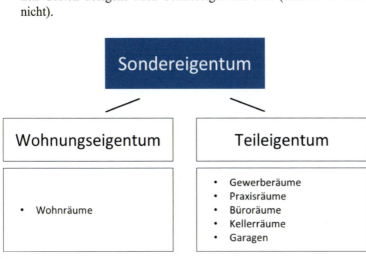

Ihr Garten – ein ganz besonderes Privileg

Gärten sind fast immer Sondernutzungsrechte. Darunter versteht man Grundstücks- bzw. Gartenflächen, die zum Gemeinschaftseigentum gehören, aber einer bestimmten Partei das ausschließliche Nutzungsrecht eingeräumt wurde – das Sondernutzungsrecht.

Bis zur WEG-Reform 2020 war der Gesetzgeber nämlich der Meinung, dass Gärten räumlich nicht abgeschlossen sind, weil sie weder Wände noch ein Dach haben. Räumliche Abgeschlossenheit ist aber die wesentliche Voraussetzung für die Schaffung von Sondereigentum.

Behelfsweise wurde also das Recht eingeräumt, diesen Teil des Grundstücks alleine zu nutzen, obwohl er Gemeinschaftseigentum ist.

Sowohl die Zuordnung zu Sondereigentum als auch die Einräumung eines Sondernutzungsrechts bewirkt, dass Sie den Garten alleine benutzen dürfen. Der Unterschied hat aber Auswirkungen auf Veränderungen und Kostentragung. Da ein Garten mit Sondernutzungsrecht ja immer noch Gemeinschaftseigentum ist, dürfen Sie keine wesentlichen Veränderungen vornehmen, z.B. kein Gartenhäuschen bauen. Weil die Fläche immer noch Gemeinschaftseigentum ist, muss die gesamte WEG sich an den Kosten der Gartenpflege beteiligen, z.B. Rasen mähen. Weil das vielen Leuten unfair erscheint, gibt es in vielen Teilungserklärungen individuelle Regeln zu den Pflege- und Instandhaltungskosten.

Seit der Reform des Jahres 2020 können Gärten auch ohne Dach und Wände zu Sondereigentum erklärt werden. Aber Vorsicht! Ältere Teilungserklärungen ändern sich nicht automatisch durch die Gesetzesreform – und Sie haben auch keinen Anspruch auf Anpassung. In Ihren alten Passat von 1970 wurde ja auch nicht nachträglich ein Airbag nachgerüstet, oder? Wenn Ihr Garten bisher ein Sondernutzungsrecht gewesen ist, dann bleibt es so. Solange, bis alle Eigentümer freiwillig beim Notar einer Änderung der Teilungserklärung zustimmen.

Kapitel 1: Was ist eine Eigentumswohnung?

Die gängigsten Beispiele

Die nachfolgende Tabelle gibt Ihnen noch einmal einen Überblick über die Definitionen und die gängigsten Beispiele zu Sonder- und Gemeinschaftseigentum:

Definition Sondereigentum:	Beispiel Sondereigentum:
o In der Teilungserklärung **ausdrücklich benannte** und nach außen hin abgeschlossene Wohnräume (Wohnungseigentum) oder nicht zu Wohnzwecken dienende Räume (Teileigentum) und o zu diesen Räumen gehörende Gebäudeteile, die verändert, beseitigt oder eingefügt werden können, ohne dass dadurch anderes Sondereigentum beeinträchtigt oder gemeinschaftliches Eigentum oder die **äußere Gestaltung** des Gebäudes verändert werden. o Seit der WEG-Reform des Jahres 2020 können auch **Grundstücksteile** (z.B. Gärten) zum Sondereigentum einer Wohnung gehören. Bis dahin konnte daran nur ein Sondernutzungsrecht eingeräumt werden.	o „Die im Grundriss (Anlage 1 zur Teilungserklärung) mit Ziffer 4 bezeichneten Wohnräume im 1.OG links. (65,40 qm)...", einschließlich der o nichttragenden Zwischenwände, o Innentüren, Heizkörper, o Decken-, Wand- und Fußbodenbeläge, o Versorgungsleitungen ab dem Zwischenzähler bzw. ab der ersten Absperrmöglichkeit nach dem Abzweig vom Hauptstrang. o „Die in Anlage 1 zur Teilungserklärung mit Ziffer 4 bezeichnete Gartenfläche." 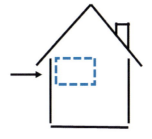

Definition Gemeinschafts- eigentum:	Beispiel Gemeinschafts- eigentum:
Grundstück und Gebäudeteile, Anlagen und Einrichtungen, o die dem **gemeinschaftlichen Gebrauch** der Wohnungseigentümer dienen, auch wenn sie sich im Sondereigentum befinden, o die für **Bestand oder Sicherheit** des Gebäudes erforderlich sind oder o **nicht zu Sondereigentum erklärt** wurden.	o Fassade, o Dach, o (Außen-) Fenster und Rollläden, o (tragende) Wände, o Treppenhaus, o Zentralheizung, o zentraler Warmwassertank, o Gartenfläche (oft belegt mit einem Sondernutzungsrecht zugunsten einer bestimmten [Wohn-]Einheit), o Wohnungstüren (!), o Wasserzähler, o Kellerflur, o Hausanschlussraum, o Hebeanlage, o Aufzug, o Hoffläche (ggf. belegt mit Sondernutzungsrechten als Stellplätze), o Tiefgaragentor.

Beispiel Fenster

Obwohl die Fenster ein Teil Ihrer Wohnung sind, gehören sie nicht Ihnen. Vielleicht fühlen Sie sich bevormundet? Der Gesetzgeber sieht es aus einer anderen Perspektive: Wenn Ihre Nachbarn sich nach Belieben grüne, gelbe oder weiße Fenster (-rahmen) einbauen dürften, sähe das Haus in ein paar Jahren aus wie die Villa Kunterbunt. Na gut, üblicherweise sind Fensterrahmen in weiß, braun oder schwarz erhältlich. Aber wenn Ihr ästhetischer Anspruch auch bei dieser engeren Farbauswahl gerne mehr Einheitlichkeit bei den Fenstern sehen würde, können Sie mit den gesetzlichen Regeln leben, die nun doch gar nicht mehr so missverständlich sind.

Fenster und Wohnungstür gehören nicht Ihnen, sondern der WEG. Damit will der Gesetzgeber bewirken, dass Sie die Genehmigung der WEG einholen müssen, selbst wenn Sie sich auf eigene Kosten neue Fenster einbauen lassen möchten. Ziel ist, dass sich das äußere Erscheinungsbild des Hauses nicht ändert – weder von der Straße, noch vom Treppenhaus aus gesehen. Daher gilt das auch für Wohnungstüren.

Neue Fenster können Sie sich natürlich trotzdem einbauen lassen, wenn sie dem äußeren Erscheinungsbild entsprechen. Da sie nicht Ihr Eigentum sind, benötigen Sie für einen Austausch einfach nur die Genehmigung der WEG, auf die Sie bei reparaturbedürftigen Bauteilen übrigens ein Anrecht haben.

Beispiel Balkon

Vielleicht gehört zu Ihrer Wohnung auch ein Balkon. Das macht die Situation etwas komplizierter als bei Fenstern, denn ein Balkon besteht aus vielen Elementen, Schichten und Bauteilen, die größtenteils zum Gemeinschafts- und wenige davon zum Sondereigentum Ihrer Wohnung gehören. Die folgende Skizze soll Ihnen die Verhältnisse erläutern:

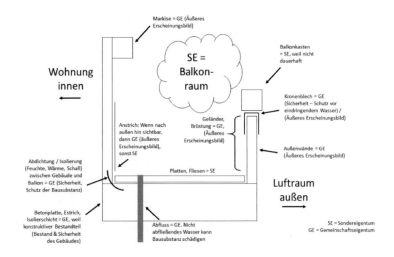

Zum Sondereigentum gehört neben dem Bodenbelag eigentlich nur der „Balkonraum", also der Luftraum, der von den Balkonbrüstungen umgeben ist. Immer diese Juristen! Jetzt besitzen Sie also einen Aufenthaltsraum im Außenbereich vor Ihrer Wohnung.

Vielleicht fragen Sie sich, was Sie überhaupt gekauft haben, wenn Ihnen weder Fenster, Rollläden, Wohnungstür noch der eigentliche Balkon gehören. Als Besitzer einer Eigentumswohnung gehören Ihnen eigentlich nur sehr wenige Baumaterialien – vielleicht ein paar nicht-tragende Innenwände, Heizkörper, Tapeten und Vinylboden sowie die Küche. Sie sind Besitzer einer Vielzahl von Nutzungsrechten – und haben zudem noch den Anspruch gegenüber der Eigentümergemeinschaft, dass Sachen repariert werden, wenn sie kaputt sind. Das ist doch eigentlich ganz praktisch.

Kapitel 1: Was ist eine Eigentumswohnung? 21

Viele Teile des Balkons sind jedenfalls Gemeinschaftseigentum, weil sie entweder das äußere Erscheinungsbild des Hauses beeinflussen oder tragend-konstruktiv sind („Bestand oder Sicherheit des Gebäudes"). Es ist ja eigentlich das gleiche wie in Ihrer Wohnung, wo die tragenden Mauern ja auch der WEG gehören, aber der Innenraum der Wohnung trotzdem ganz allein Ihr Sondereigentum ist und von niemandem außer von Ihnen genutzt werden kann. Genau so ist das auch bei Ihrem Balkon.

Gehen wir das Bild einmal von links nach rechts durch:

Die **Markisen** sind Gemeinschaftseigentum, denn sie sind von außen sichtbar und beeinflussen das Erscheinungsbild des Gebäudes. Wenn Sie eine Markise neu anbringen möchten, brauchen Sie die Genehmigung der WEG. Nicht zuletzt, weil diese für Folgekosten verantwortlich wäre – Schäden am Gemeinschaftseigentum zahlt die Eigentümergemeinschaft! Es kommt häufig vor, dass in der Teilungserklärung Sonderregelungen zu finden sind, also schauen Sie genau hin. Möglicherweise erlaubt Ihre Teilungserklärung die eigenständige, fachmännische Anbringung von Markisen, wenn ein bestimmtes Modell oder eine bestimmte Farbe verwendet wird. Üblicherweise werden Reparaturkosten an Sie abgegeben.

Auch der **Anstrich** beeinflusst das äußere Erscheinungsbild. Daher sind alle Stellen, die man (potentiell) von außen sehen kann, Gemeinschaftseigentum. Welche dies sind, kann im Einzelfall sehr unterschiedlich sein und umfasst auch den Blick von anderen Balkonen. Wenn jemand seinen verwitterten Balkon auf der Innenseite in derselben Farbe neu streicht, wird sich wahrscheinlich niemand daran stören. Aber was würden Sie sagen, wenn der Nachbar schräg unter Ihnen die Innenseiten seines Balkons orange oder grün streicht? Sie fänden es wahrscheinlich nicht besonders einladend. Daher ist der Begriff hier eher weit auszulegen. Wenn Sie sich nicht sicher sind, gibt es auch hier entweder eine Regel in der Teilungserklärung oder noch besser: Sprechen Sie das Thema in der Eigentümerversammlung an und bitten Sie Ihre Nachbarn, einen Beschluss zu fassen, um das Thema dauerhaft zu klären.

Nicht nur die **Außenwand** an sich, sondern auch der Übergang zwischen Balkon und Gebäudewand hat eine **Isolierung**. Darunter versteht man – je nach Baujahr oder Gebäudequalität – eine Feuchtigkeits- oder Wärmedämmung. Sie schützt jedenfalls die Bausubstanz vor äußeren Witterungseinflüssen und gehört somit zu den Bauteilen, die „für Bestand oder Sicherheit des Gebäudes" wichtig sind. Damit sprechen wir von Gemeinschaftseigentum.

Die **Unterkonstruktion** von Balkonen besteht aus mehreren Teilen. Die tragende Schicht ist oftmals eine Betonplatte (auskragende Geschossdecke) oder eine vorgesetzte Metallkonstruktion. Darauf befinden sich in der Regel eine Dämmschicht und Estrich. Weil all dies tragend-konstruktiv (Bestand und Sicherheit des Gebäudes) und von außen sichtbar ist (äußeres Erscheinungsbild), muss auch dies alles Gemeinschaftseigentum sein.

Oft verläuft der **Abfluss** durch die Unterkonstruktion hindurch. Auch er gehört zum Gemeinschaftseigentum, denn nicht abfließendes Wasser könnte die Bausubstanz schädigen. Damit sind wir wieder bei Bestand und v.a. Sicherheit des Gebäudes. Außerdem wird ja das Niederschlagswasser aller Balkone über die Abläufe entwässert, womit wir hier sogar im Bereich der gemeinschaftlichen Nutzung sind.

Immerhin ist der **Fußbodenbelag** Ihr Sondereigentum. Wenn Sie also neue Fliesen haben möchten oder Holzbohlen verlegen möchten – auf in den Baumarkt! Aber bitte lesen Sie trotzdem vorsichtshalber Ihre Teilungserklärung. Nicht dass Sie noch eine Sonderregelung finden. Schließlich kann man auch den Fußbodenbelag von anderen Balkonen aus sehen. Ein potentieller Streitpunkt, den der Gesetzgeber so nicht bedacht hat? Da gibt es sowieso oft Missverständnisse, wenn Balkone auf Kosten der Eigentümergemeinschaft saniert werden müssen. Wenn die Abdichtungsschicht unter den Platten eines Tages undicht wird und Wasser in den Unterboden eindringt, erkennen Sie sehr bald eine Etage tiefer Ausblühungen an der Balkondecke. Weil meist die tieferen Schichten betroffen sind und manchmal ein Gefälle geschaffen werden muss, um das Regenwasser vom Haus fernzuhalten, ist in der Regel die WEG für die Balkonsanierung zuständig. Nun muss im Rahmen dieser Maßnahme der Untergrund abgetragen und komplett erneuert werden (Gemeinschaftseigentum). Dabei gehen meistens auch Fliesen kaputt (Sondereigentum). Auch das ist gesetzlich geregelt: Laut §14 Abs. 3 WoEigG bekommen Sie von der WEG einen „angemessenen Ausgleich in Geld" – und können davon neue Fliesen verlegen lassen. Noch

Kapitel 1: Was ist eine Eigentumswohnung?

besser ist, wenn die WEG per Beschluss entscheidet, die Fliesen im Rahmen der Gesamtmaßnahme mitmachen zu lassen, damit es keine Unstimmigkeiten zum „angemessenen Ausgleich" gibt.

Die **Außenwände** des Balkons, die Brüstungsmauer bzw. das **Geländer** gehören zum Gemeinschaftseigentum, weil man sie von überall sehen kann und sie das äußere Erscheinungsbild des Gebäudes ausmachen. Die obere Abdeckung der Mauer (genannt **Kronenblech**) ist nicht nur sichtbar, sondern schützt die Mauer auch vor eindringendem Wasser (Schutz des Gebäudes) und gehört damit auch zum Gemeinschaftseigentum.

Beispiel verstopfte Abwasserleitung

Es ist Samstagabend und Ihr Waschbecken läuft nicht ab. Was tun? Wer zuständig ist und wer bezahlen muss, hängt davon ab, wo die Verstopfung sich befindet.

Verschiedene Abschnitte des Abwasserrohrs sind Sonder- oder Gemeinschaftseigentum. Wie kann das sein? Die Hauptleitung ist immer Gemeinschaftseigentum, denn sie dient ja dem gemeinschaftlichen Gebrauch. Das gilt übrigens auch für Hauptleitungen, die durch Ihre Wohnung hindurch verlaufen, z.B. zur Entwässerung des darüber liegenden Badezimmers. Irgendwo gibt es einen Abzweig von der Hauptleitung in Ihre Wohnung. Von da an gehört Ihre Nebenleitung Ihnen allein. Wenn die Verstopfung in Ihrer Nebenleitung (oder z.B. in Ihrem Siphon) liegt, dann müssen Sie die Rohrreinigung selbst bezahlen, ansonsten zahlt die WEG. Siehe auch die nachfolgende Abbildung.

Das Problem ist nur, dass Sie ohne Röntgenblick gar nicht wissen können, an welcher Stelle das Rohr verstopft ist. Eine gute Idee ist es, bei den Nachbarn zu klingeln und zu fragen, ob sie das Problem auch haben. Wenn nein, liegt es wahrscheinlich in Ihrer Nebenleitung, wenn doch, ist vermutlich Gemeinschaftseigentum betroffen und der Verwalter muss sich darum kümmern.

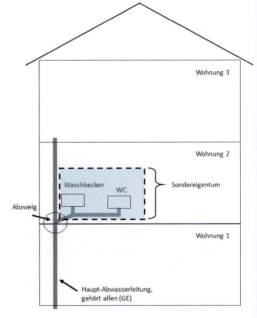

Sie sollten nicht zu viel Energie auf die Analyse verschwenden, denn es gibt ja schließlich eine Verstopfung und eine Kanalreinigungsfirma muss her. Am besten wäre es, wenn Sie beim Verwalter oder bei dessen Notfalltelefonnummer noch jemanden erreichen und die Kanalreinigungsfirma von dort aus beauftragt wird. Damit wäre der Kostenvorschuss schon mal geklärt. Nach dem Einsatz wissen Sie, wo die Verstopfung lag. Wenn das Problem in der Hauptleitung lag oder die genaue Position nicht ermittelbar war, trägt die WEG die Rechnung. Wenn die Verstopfung aber in Ihrer Nebenleitung war, müssen Sie die Rechnung zahlen. Das müssten Sie dann aber sowieso, unabhängig davon, wer die Kanalreinigungsfirma ruft. Der Anruf beim Verwalter ist jedenfalls die beste Alternative. Denn wenn mehrere Eigentümer gleichzeitig Kanalreinigungsfirmen rufen, ohne sich abzusprechen, wird der Verwalter vermutlich nicht jedem von Ihnen die Kosten erstatten – Sie hätten ja miteinander sprechen oder sich melden können. Sie sollten also unbedingt mit dem Verwalter sprechen. Und wenn er nicht erreichbar ist, zumindest mit Ihren Nachbarn, damit der Auftrag nicht doppelt und dreifach erteilt wird.

Bei Frischwasserleitungen ist das Prinzip übrigens ähnlich. Hier hat der Bundesgerichtshof (BGH) im Jahr 2016 entschieden, dass auch die Nebenleitungen bis zur ersten Absperrmöglichkeit (z.b. Unterputzventil) Gemeinschaftseigentum sind. Wenn ein Absperrventil ganz fehlt, sind die ganzen Leitungen bis zum Anschluss an Waschbecken, Badewanne etc. Gemeinschaftseigentum.

Beispiel Wasserzähler

Meistens sind die Zähler ja von der Heizkostenfirma gemietet und damit weder Sonder- noch Gemeinschaftseigentum, sondern eben gemietet.

Wenn nicht, gehören auch Wasserzähler zum Gemeinschaftseigentum. Vor allem bei neueren Gebäuden werden die Kosten von Frischwasser und Abwasser oft mit Hilfe von Wasserzählern abgerechnet. Die Zähler dienen also der verbrauchsabhängigen Kostenverteilung und damit einem gemeinschaftlichen Gebrauch. Der Verwalter verwendet die Zählerstände im Namen der WEG, um die Abrechnung zu erstellen. Daher gehören Wasserzähler zum Gemeinschaftseigentum.

Nach dem Mess- und Eichgesetz müssen die Zähler übrigens alle fünf bis sechs Jahre ausgetauscht werden, das gilt auch für Heizkostenverteiler und Wärmemengenzähler bei Heizkörpern und Fußbodenheizungen.

Kapitel 1: Was ist eine Eigentumswohnung? 27

Beispiel Heizung

Obwohl die Heizungsanlage eines Gebäudes ein geschlossenes System ist, gibt es auch hier Sonder- und Gemeinschaftseigentum – genau wie bei den Wasserleitungen.

Die Zentralheizung im Keller versorgt alle Eigentumswohnungen mit Heizungswärme – und über die Erwärmung des Warmwassertanks auch mit Warmwasser. Beides dient dem gemeinschaftlichen Gebrauch und ist damit natürlich Gemeinschaftseigentum.

Das Leitungsnetz gehört, genau wie bei Frischwasserleitungen, auch nach dem Abzweig von der Hauptleitung noch zum Gemeinschaftseigentum, nämlich bis zur ersten Absperrmöglichkeit. Das ist meistens die Stelle, an der die Heizkörper angebracht werden. Es könnte ja sein, dass Heizungsleitungen von einer Wohnung zur nächsten laufen. Das ist manchmal nicht ganz so offensichtlich wie bei Wasserleitungen, weil es bei Heizungen ja Vorlauf- und Rücklaufleitungen gibt. Und daher hat die Rechtsprechung das so entschieden.

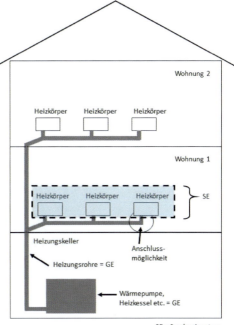

Heizkörper sind immer Ihr Sondereigentum. Wenn Sie Ihre Wohnung renovieren und einen neuen Heizkörper einbauen lassen möchten, können Sie das jederzeit auf eigene Kosten tun. Aber auch hier sollten Sie vorher mit der Verwaltung oder Ihren Miteigentümern sprechen, denn möglicherweise muss danach das ganze Heizungssystem entlüftet werden. Zumindest, wenn unmittelbar nach dem Heizkörpertausch viele andere Heizkörper im Haus nicht mehr richtig warm werden, ist Ihr neuer

Heizkörper höchstwahrscheinlich dafür verantwortlich. Dann müssen Sie sich auch um die Entlüftung des restlichen Systems kümmern.

Etwas anderes gilt natürlich, wenn Sie eine Gasetagenheizung haben. So nennt man die Heizungen, die oft in Bad oder Küche einer Wohnung an der Wand hängen und über ein autonomes Rohrleitungsnetz nur Ihre Wohnung allein versorgen. Dieses System gehört dann natürlich Ihnen alleine, da es ja keiner gemeinschaftlichen Nutzung dient.

Wenn Gemeinschaftseigentum zum Problem wird

Als Besitzer einer Eigentumswohnung sind Sie in bestimmten Situationen auf die Mithilfe der anderen Eigentümer bzw. des Verwalters angewiesen. Wenn Schäden am Gemeinschaftseigentum Ihr Sondereigentum beeinträchtigen, ist die WEG bzw. der Verwalter zuständig, den Schaden zu beheben. Entsprechend unangenehm kann es für Sie sein, wenn die Miteigentümer Ihnen die Unterstützung verweigern oder der Verwalter trödelt.

Anders als bei einem Einfamilienhaus können Sie als Wohnungseigentümer nicht immer alles alleine entscheiden und umsetzen. Entscheidungsprozesse dauern einfach länger. Deshalb sollten Sie sich Ihre Nachbarn gut aussuchen. Ebenso den Verwalter, denn niemand außer ihm darf die WEG nach außen hin vertreten, also z.B. Handwerkern Aufträge erteilen.

Aber obwohl nur der Verwalter im Namen der WEG Aufträge erteilen darf – der vorgelagerte Prozess, die sogenannte Willensbildung einer WEG, also das Treffen einer Entscheidung, passiert auf der Eigentümerversammlung. Dort wird entschieden, was der Verwalter beauftragen darf. Weder der Beirat noch einzelne Wohnungseigentümer dürfen sich darüber hinwegsetzen. Allerdings darf der Verwalter meist auch ohne Versammlung Reparaturen bis zu einem bestimmten Gegenwert beauftragen, der in der Verwaltervollmacht festgelegt wurde. Ebenso in dringenden Notfällen. Ansonsten führt kein Weg an einer Versammlung vorbei.

Ein Beispiel: Die Zentralheizung ist ausgefallen. Sie gehört zum Gemeinschaftseigentum, daher ist die WEG zuständig, der Verwalter muss die Reparatur beauftragen. Liegt sie oberhalb des Rahmens seiner Verwaltervollmacht, muss schnellstens eine Eigentümerversammlung einberufen werden. Natürlich sind sich bei diesem Extrembeispiel schnell alle einig, weil niemand frieren will. Aber es gibt auch andere Situationen, in denen sich Schäden am Gemeinschaftseigentum auf Ihr Sondereigentum auswirken, bei denen nicht sofort allen Beteiligten klar ist, dass schnelles Handeln geboten ist, zum Beispiel:

- Die Außenbeleuchtung flackert vor Ihrem Schlafzimmerfenster und Sie können nicht schlafen.
- Die Abdichtung des Balkons ist kaputt und ruiniert Ihren Parkettboden.
- Die Fenster sind undicht – es zieht.
- Das Dach ist undicht, aber niemand weiß wo. Eintrittsstelle ungleich Austrittstelle. Aber alle zwei Jahre haben Sie in Ihrer DG-Wohnung Wasserflecken an der Decke.

Nehmen wir das letzte Beispiel. Auch wenn „nur" die DG-Wohnung den Schaden unmittelbar spürt, sollte die WEG schnell handeln. Es kann aber viel Zeit ins Land ziehen, denn bei einem größeren Schaden muss der Verwalter Ursachensuche betreiben, Angebote einholen und eine Eigentümerversammlung vorbereiten.

In einer WEG mit vernünftigen Eigentümern, anständigem Miteinander und fähigem Verwalter ist die Eigentümerversammlung schnell einberufen, es wird umfassend über die Situation aufgeklärt, und die Lage ist schnell verstanden. Alle wissen, dass man schnell etwas tun muss. Notwendige Beschlüsse werden gefasst und kurzfristig umgesetzt. Ihre Decke ist wieder trocken, Sie sind wieder glücklich, und der Vorfall ist bald Schnee von gestern. Die Eigentümer einer guten WEG ziehen am gleichen Strang, um zu einem Beschluss zu kommen, damit es weitergeht, und der Verwalter kann Mängel schnell und konsequent beseitigen.

Hier trennt sich die Spreu vom Weizen. Leider gibt es auch Eigentümergemeinschaften, die sich auf der Versammlung in Grund und Boden diskutieren, bevor Entscheidungen getroffen, geschweige denn umgesetzt werden. Vielleicht wird die Notwendigkeit nicht erkannt, die Reparatur als Unfug abgetan oder der Tagesordnungspunkt von einer Versammlung zur nächsten vertagt, um immer neue Angebote einzuholen oder sich nicht festzulegen. Sei es aus Unwissen, Gleichgültigkeit oder Geldnot – Sie bekommen einfach nicht die notwendige Mehrheit. Auch viele Verwalter sind mit Arbeit so überladen oder mit manchen Situationen derart überfordert, dass sie gar nicht erst zur Eigentümerversammlung einladen oder Beschlüsse nur im Schneckentempo umsetzen. Sprich: Sie kommen mit Ihrem Problem nicht vom Fleck. Die Substanz bröckelt vor sich hin und der Wert Ihrer Eigentumswohnung schmilzt wie Eis im Sommer. Zwar haben Sie einen Anspruch auf

Instandhaltung, aber den können Sie ja mal einklagen. Anwalts- und Gerichtskosten müssen Sie vorstrecken – und sich auf längere Wartezeiten einstellen.

Solche Extremfälle in Eigentümergemeinschaften sind glücklicherweise sehr selten. Die meisten Menschen erkennen, wenn ein Nachbar Hilfe benötigt. Als Wohnungseigentümer sind Sie jedenfalls auf die Kooperationsbereitschaft anderer Menschen angewiesen, was Sie in eine gewisse Abhängigkeit bringt. Suchen Sie sich Ihre Nachbarn also gut aus.

Wie ist Ihre Eigentumswohnung versichert?

Als Besitzer einer Eigentumswohnung müssen Sie keine separate Gebäudeversicherung für Ihre Wohnung abschließen. Die Versicherung für das gesamte Gebäude läuft über die Wohnungseigentümergemeinschaft. Die Versicherungsprämie wird vom Konto der WEG abgebucht und über die Jahresabrechnung auf alle verteilt.

Die sogenannte „verbundene Gebäudeversicherung" ist eine Sachversicherung für das ganze Gebäude und unterscheidet nicht zwischen Sonder- und Gemeinschaftseigentum. Sie bezieht sich auf Ihre Wohnung wie auch auf das ganze restliche Haus. Wenn es brennt oder einen Leitungswasserschaden gibt, sind Sie abgesichert. Eine separate Sachversicherung müssen Sie für Ihre Wohnung nicht abschließen.

Die meisten Gebäudeversicherungen decken Risiken aus Feuer, Leitungswasserschäden, Sturm und Hagel ab – und in der Regel auch alle denkbaren Folgeschäden. Je nach Vertrag sogar Hotelkosten bei großen Schäden. Fast alle gängigen Policen versichern Sie auch gegen Elementarschäden, z.B. Jahrhundertregen oder Erdbeben.

Regenwasserschäden sind übrigens nicht über die Gebäudeversicherung abgedeckt – es sei denn, es würde sich um Starkregen handeln, welcher einen Elementarschaden am Gebäude *verursacht* hat. In allen anderen Fällen besteht kein Versicherungsschutz. Wenn z.B. am Dach oder an einer Regenrinne etwas undicht ist, dann spricht man von einem Instandhaltungsschaden. Der Architekt hat grundsätzlich dafür zu sorgen, dass jede Art von Regenwasser vom Gebäude abgeleitet wird. Und die WEG muss im Laufe der späteren Jahre regelmäßig Kontrollen ausführen lassen, z.B. einen Dachdecker prüfen lassen, ob alles dicht ist. Tut sie es nicht, können größere Schäden entstehen. Die Gebäudeversicherung muss diese nicht übernehmen, denn sie ist nur für Leitungswasserschäden zuständig.

Die Gebäudeversicherung ist eine „Sachversicherung". Sie versichert also nur die Sache, nämlich das Gebäude, mit allen fest verbundenen Bestandteilen, z.B. Wände, Böden, Decken, Türen, Fenster, Leitungen. Im Gegensatz zur Sache ist der *Inhalt* nicht über die WEG versichert. Darunter versteht man die Hausratversicherung. Sie schützt alles, was

Kapitel 1: Was ist eine Eigentumswohnung? 33

in Ihrer Wohnung drin ist. Wenn z.B. bei einem Wasserschaden auch Möbel beschädigt werden, werden diese von der Hausratversicherung geschützt.

Außerdem besitzt die WEG eine Haus- und Grundbesitzerhaftpflichtversicherung. Sie schützt die Eigentümergemeinschaft vor Ansprüchen Dritter. Wenn z.B. jemand hinfällt, weil der Winterdienst vergessen hat, zu räumen und zu streuen, übernimmt die Haftpflichtversicherung. Wahrscheinlich wird sie die Winterdienstfirma aber in Regress nehmen.

Sie selbst müssen eine Privathaftpflichtversicherung abschließen. Diese schützt vor Schäden, die Sie versehentlich anrichten. Wenn Sie eine neue Waschmaschine im Badezimmer aufstellen und falsch anschließen, kann es sehr schnell passieren, dass Wasser ausläuft und eine Etage tiefer von der Decke tropft. Es geht schneller, als Sie denken. Für diese Schäden ist nicht die Gebäudeversicherung, sondern Ihre Privathaftpflicht zuständig.

Schließen Sie niemals die Haustür ab!

Oft sieht man im Eingangsbereich von Mehrfamilienhäusern Schilder wie „Türe bitte ab 22 Uhr abschließen". Wenn Ihr Verwalter solche Schilder duldet oder darüber hinwegsieht, bekommt er große Probleme, wenn etwas passiert. Und die Eigentümergemeinschaft auch. Die Haustüre ist nämlich der erste Rettungsweg, der niemals blockiert werden darf.

Stellen Sie sich vor, der Notarzt steht nachts vor der Türe. Die Türe ist abgeschlossen und jemand aus der zweiten Etage braucht Hilfe. Er schafft es vielleicht zum Türöffner an der Gegensprechanlage, aber weiter kommt er nicht. Weil die Türe abgeschlossen ist, tut sich nichts. Während der Hilferufende die Treppen nicht benutzen kann, reagieren andere Anwohner nicht, schlafen oder sind nicht zu Hause. Nun gibt es zwei Möglichkeiten:

- Erstens: Der Notarzt ruft die Feuerwehr, die kommt zehn Minuten später und zertrümmert die Haustüre. Das Beste, was Ihnen passieren kann.
- Zweitens: Der Hilferufende stirbt oder sein Gesundheitszustand verschlimmert sich, weil der Notarzt nicht rechtzeitig zu ihm gelangt.

In beiden Fällen können sich Anwohner und Hausverwalter am nächsten Morgen mit der Schuldfrage auseinandersetzen, und nichts ist mehr wie vorher. Im Optimalfall ist nur die teure Haustüre ruiniert und lädt Einbrecher zum nächtlichen Besuch ein. Ihr Hausverwalter wird seiner Haftpflicht-Versicherung kaum erklären können, wieso er nicht gegen das ständige Abschließen der Haustür vorgegangen ist. Und wer bezahlt dann die neue Haustür? Vielleicht findet die Gebäudeversicherung heraus, wer die Türe abgeschlossen hat – und macht ihn haftbar.

Im schlimmsten Fall ist jemand tot, weil der Notarzt nicht reinkam. Sind Sie der Meinung, Sie vermeiden Einbrüche, indem Sie Flucht- und Rettungswege versperren? Jedes Haus hat dutzende Sicherheitslücken. Die Haustüre ist nur eine davon.

Kapitel 1: Was ist eine Eigentumswohnung? 35

Dass jedes Gebäude zumindest über einen gut passierbaren ersten Flucht- und Rettungsweg verfügen muss, darf nicht ins Leere laufen. Die Passierbarkeit wird durch eine abgeschlossene Tür erheblich beeinträchtigt. Wenn es brennt, sind die Leute in Panik. Sie merken erst unten, dass die Türe zu und ihr Schlüssel noch oben ist. Wenn Menschenmassen in Panik zum Ausgang laufen, können sie auch einem Schlüsselinhaber den Weg verstellen. Schnell überschätzt man seine Kräfte: Wieder nach oben rennen? Zu gefährlich! Ich bin stark, ich trete die Türe ein. Klappt nicht. Erst jetzt merken Sie, wie sicher die Türe wirklich ist.

Das Dilemma der Hausordnung

Die Hausordnung – Lieblingskind vieler selbsternannter „Beiratspräsidenten", Blockwarte und Beschäftigungstherapeuten, Ärgernis vieler Hausverwalter und Geldquelle vieler Rechtsanwälte und Verbraucherschutzorganisationen. Das Problem daran: Wenn man sie nicht braucht, dann ist sie überflüssig, weil es auch ohne Hausordnung rund läuft. Und wenn man sie braucht, dann ist sie nutzlos, weil sich Störenfriede in der eigenen Eigentumswohnung nicht um die Hausordnung scheren.

Wann braucht man dann eigentlich eine Hausordnung? Stellen Sie sich mal vor, ein Eigentümer macht in seiner Wohnung ordentlich Lärm, und zwar andauernd. Er hört bis tief in die Nacht so laut Musik, dass Sie als Nachbar mitsingen könnten. Er grölt bei jedem Fußballspiel, stellt Müll oder seine Schuhe vor die Wohnungstüre oder knallt ständig mit den Türen. Leider ist eine Hausordnung bei solchen Leuten völlig nutzlos, weil sie sie nicht mal lesen würden. Sie hängt dann einfach ungelesen im Treppenhaus. Menschen, die sich wie Chaoten benehmen, werden nicht anhalten, um einen Blick auf den Text zu werfen. Selbst wenn man ihnen die Hausordnung postalisch zustellt, landet sie im Müll. Diejenigen Eigentümer, an die eine Hausordnung eigentlich adressiert wäre, werden sie weder lesen noch beachten. Wenn sich einer der Eigentümer nicht um die Regeln eines geordneten Zusammenlebens schert, hat die WEG ernsthafte Probleme. Die Hausordnung wird sie aber nicht lösen, weil sie bei solchen Leuten auf taube Ohren stößt. Und dann geht es ja noch um die Durchsetzbarkeit. Einem Eigentümer können Sie nicht kündigen, denn es ist ja sein Eigentum – und Mieter sind nicht an die Hausordnung einer WEG gebunden. Beziehungsweise nur dann gebunden, wenn der Vermieter sie wirksam zum Bestandteil des Mietvertrags macht, was so gut wie nie passiert.

Dazu kommt, dass Hausordnungen oftmals angreifbar sind. Hundehaltungsverbote sind meist rechtswidrig (und gelten nicht automatisch gegenüber Mietern), feste Ruhezeiten ebenso. Duschen soll nach 22 Uhr verboten sein! Was ist denn mit dem, der um Mitternacht von der Nachtschicht kommt? Er wird unangemessen benachteiligt, damit ist die Regelung dahin. Oftmals sind Formulierungen in der Hausordnung sehr vage. Verbietet die Hausordnung etwa „jegliche lauten Geräusche" nach 23 Uhr? Auch Coronahusten oder eine umgefallene Vase sind laute Geräusche, somit ist die Regelung zu undifferenziert und damit unhaltbar. In anderen Fällen müsste die WEG die Einhaltung der Hausordnung einklagen, aber die Erfolgsaussichten sind gering. Wie wollen Sie vor Gericht beweisen, wer im Treppenhaus raucht, nach 22 Uhr die Musik voll aufdreht oder wessen Hund länger als zehn Minuten am Tag bellt? In vielen Fällen kann sich ein Störenfried erfolgreich wehren, wie man zuletzt eindrucksvoll beim Gerichtsprozess um den Düsseldorfer Kettenraucher Friedhelm gesehen hat – obwohl dieser nicht Eigentümer, sondern Mieter war.

Aber auch in weniger provokanten Fällen hilft die Hausordnung wenig. Manche Eigentümer stören sich daran, dass ein Nachbar seinen Müll ständig vor die Wohnungstür – und damit ins Treppenhaus – stellt. Wenn man solche Probleme über die Hausordnung lösen möchte, dann wird man schnell erleben, dass dies kaum möglich ist. Denn was ist eigentlich, wenn er sich gar nicht angesprochen fühlt? Es wäre schön, wenn die Hausordnung das alles übernehmen könnte, aber in der Realität scheitert das Vorhaben kläglich. Dann kann man die Hausordnung auch ganz sein lassen, und muss seine Probleme auf andere Art lösen. Wenn der Hund einen Nachmittag lang bellt, könnte man ja selber mal an der Tür klingeln und den Nachbarn darauf ansprechen, anstatt den Hausverwalter mit der Hausordnung vorzuschicken. Wahrscheinlich ist ihm schon dieses Gespräch unangenehm und wird einiges bewirken. Und wenn es noch mal passiert? Nochmal klingeln und nochmal ansprechen. Wenn Sie freundlich sind, verbessern Sie mit jedem Besuch den Kontakt, und machen Ihr Anliegen trotzdem bemerkbar. Und wenn bald mehrere Nachbarn kommen, um sich zu beschweren, ist das hundertmal effektiver als jede Hausordnung. Daran führt fast kein Weg vorbei.

Der erste Schritt muss immer sein, das Gespräch zu suchen – auch mehrfach. Den meisten Menschen ist es unangenehm, wenn schon wieder der Nachbar vor der Tür steht, um sich (freundlich!) zu beschweren. In sehr vielen Fällen ist es den Leuten einfach gar nicht klar, dass sie mit ihrem Verhalten jemanden stören. Deswegen ist die beste Lösung, einfach hinzugehen und miteinander zu reden. So können Sie 95% der Probleme lösen.

Kapitel 2: Jahresabrechnung

Kapitel 2: Jahresabrechnung 41

Was ist eigentlich die WEG-Jahresabrechnung?

Jeder Wohnungseigentümer muss seinen Beitrag zu den gemeinsamen Kosten tragen. Wer welchen Anteil zu zahlen hat, berechnet der Verwalter mit der sog. Jahresabrechnung. Man darf sie nicht verwechseln mit der Betriebskostenabrechnung, die Sie vielleicht von Mietwohnungen kennen. Denn auf den Mieter darf man nur bestimmte Kosten umlegen, die in der BetrKV genannt sind, während Sie als Wohnungseigentümer alle Kosten (mit-) tragen müssen, die in Zusammenhang mit dem Grundbesitz anfallen. Alle Geldbewegungen müssen in der Jahresabrechnung auftauchen. Interessanterweise muss die Jahresabrechnung sogar unberechtigte Ausgaben enthalten, die der Verwalter natürlich schnellstmöglich zurückfordern muss.

Die Abrechnung besteht aus zwei Hälften, so will es der Gesetzgeber. Einmal gibt es den Wirtschaftsplan als Prognoserechnung zu Beginn des Jahres. Er enthält die voraussichtlichen, geschätzten Kosten – und sieht fast aus wie die Abrechnung. Zweitens gibt es die Jahresabrechnung, mit der man nach Ende des Jahres die tatsächlichen Kosten für alle Wohnungseigentümer berechnet. Ihr Rechenergebnis, also wie viel Sie nachzahlen müssen oder erstattet bekommen, nennt man „Abrechnungsspitze". Dem Gesetzgeber ist diese Zweiteilung sehr wichtig, weil die Vorauszahlungen des Wirtschaftsplans rechtsverbindlich sind und nicht nachverhandelt werden können. Zumindest nicht ohne erneute Eigentümerversammlung. Das kann relevant werden, wenn jemand sein Hausgeld nicht zahlt. Der Verwalter kann und muss bei größerem Verzug das Geld auch gerichtlich einfordern. Natürlich wird er vorher mehrmals mahnen. Aber trotzdem ist es sehr wichtig, dass er das darf, damit die Eigentümergemeinschaft nicht zahlungsunfähig wird, weil manche Leute ihren Beitrag nicht zahlen. Im Extremfall (und nur dann) darf der Verwalter eine Wohnung wegen Zahlungsrückständen gerichtlich versteigern lassen. Weil der Wirtschaftsplan eine eigene rechtliche Anspruchsgrundlage darstellt, gelten auch andere Verjährungsfristen. Daher diese strikte Unterscheidung. Wir werden später noch darauf zurückkommen.

Bei der WEG-Jahresabrechnung gibt es viele spezielle rechtliche Anforderungen: Sie muss bspw. nach Kostenarten aufgegliedert sein, also z.B. Müllabfuhr, Versicherungsprämien, Hausmeister usw. voneinander trennen. In der Jahresabrechnung dürfen nur diejenigen Einnahmen und Ausgaben vorkommen, die tatsächlich über das Bankkonto der WEG geflossen sind. Von Heiz- und Warmwasserkosten abgesehen, darf der Verwalter keine Rechnungsabgrenzungsposten bilden. Was bedeutet das? Er darf Kosten nicht anderen Jahren zuordnen, zu denen sie eigentlich gehören würden, dann aber nicht bezahlt wurden.

Ein Beispiel: Die Winterdienstrechnung für Dezember, die erst im Januar überwiesen wurde. Obwohl sie eigentlich zum Dezember und damit zum letzten Jahr gehören würde, kommt es auf den Zeitpunkt der Überweisung an: Daher muss sie zwangsläufig im Januar, also im neuen Jahr, gebucht und abgerechnet werden. Sie darf nicht von der Buchhaltung zurück in den Dezember geschoben werden. Die Jahresabrechnung soll schließlich kein Konzernabschluss, keine Bilanz und keine Gewinn- und Verlustrechnung sein, wo eine periodenspezifische Zuordnung der Kosten wichtig ist, um den Gewinn richtig auszurechnen.

Im Gegenteil: Jeder Wohnungseigentümer soll die Jahresabrechnung überprüfen und nachvollziehen können – und zwar alleine und ohne fremde Hilfe (z.B. von Steuerberatern oder Wirtschaftsprüfern). Daher dürfen wirklich nur die tatsächlich geflossenen Beträge in die Jahresabrechnung aufgenommen werden – diese dann aber vollständig und lückenlos. Das Ergebnis ist eine vollständige und übersichtliche Einnahmen- und Ausgabenrechnung, die sich übrigens auf das Kalenderjahr bezieht.

Die Aufstellung aller Kosten eines Jahres für das gesamte Gebäude nennt man Gesamtabrechnung. Hingegen enthält die Einzelabrechnung die Zuteilung der Kosten zu Ihrer Wohnung. Wie hoch Ihr Anteil an der jeweiligen Kostenart ist, bestimmt der sog. Umlageschlüssel, also z.B. Kostenverteilung nach Miteigentumsanteilen, Personenzahl oder Anzahl der Wohnungen.

Es gibt eine Ausnahme von der oben erwähnten, strikten Einnahmen- und Ausgabenrechnung, nämlich die Heizkosten: In der *Gesamtabrechnung* dürfen zwar auch für Heizkosten (und Warmwasserkosten) nur die tatsächlich ausgegebenen Beträge auftauchen, aber in der *Einzelabrechnung* wird hier ausnahmsweise doch abgegrenzt. Die HeizKV

Kapitel 2: Jahresabrechnung 43

schreibt nämlich vor, dass diese beiden Kosten auch in Wohnungseigentümergemeinschaften ausnahmsweise periodengerecht zugeordnet werden müssen. Man möchte damit erreichen, dass Sie Ihren tatsächlichen Jahresverbrauch sehen können und zum Energiesparen angehalten werden. Aber eben nur in Ihrer Einzelabrechnung, die sich an dieser Stelle von der Gesamtabrechnung unterscheidet.

Zum 31.12. schließt sich der Kreis zum Wirtschaftsplan, der ja eine eigene Rechtsgrundlage mit eigener Verjährungsfrist darstellt. Nach Ende des Jahres werden in der Jahresabrechnung die tatsächlichen Kosten den prognostizierten gegenübergestellt. Der Gesetzgeber nennt die Abrechnung in §28 WoEigG wörtlich „Abrechnung über den Wirtschaftsplan". Ich werde Ihnen noch im Detail erklären, dass aus diesem Grund wirklich die Soll-Vorauszahlungen den Ist-Kosten gegenübergestellt werden. Um Abweichungen zwischen Soll- und Ist-Vorauszahlungen muss sich der Verwalter nämlich nicht in der Jahresabrechnung, sondern schon früher kümmern. Wenn Sie weniger vorausgezahlt haben, dann muss der Verwalter Sie an die Zahlung erinnern – außerhalb der Jahresabrechnung.

Einfach und verständlich?

Eigentlich ist es ganz einfach: Die Jahresabrechnung ist für Sie gemacht. Sie müssen sie verstehen, auch wenn Sie kein ausgebildeter Buchhalter sind. Die Bank schickt Ihnen ja auch die Kontoauszüge in einer Form, die Sie verstehen: Kontostand alt, Einnahmen, Ausgaben und Kontostand neu. Das kapiert jeder. Auch wer sich nicht mit BWAs oder Eröffnungsbilanzen auskennt, weiß worum es geht. Das gleiche gilt in der WEG: Der Verwalter ist verantwortlich, Ihnen darzulegen, wohin Ihr Geld geflossen ist. Abgesehen von den Heizkosten ist eine WEG-Jahresabrechnung eine simple Einnahmen-Ausgaben-Rechnung, die sich an den Geldbewegungen auf dem Konto orientiert.

Warum werden eigentlich so viele Beschlüsse angefochten? Hat es damit zu tun, dass Eigentümer sich verschaukelt fühlen? Warum sieht die Realität der Jahresabrechnungen so anders aus? Müssen Sie ein ausgebildeter Wirtschaftsprüfer sein, um das Zahlenwerk zu verstehen? Muss eine Jahresabrechnung ein Urwald aus komischen Begriffe und Zahlen sein? Was ist ein Sollsaldo, und aus wessen Sicht? Ihre Perspektive oder die der WEG? Was bitte soll eine „Beiratsabrechnung" sein, hat der Sonderrechte? Was ist ein „Rücklagensoll" oder ein „Soll laut Wirtschaftsplan"?

Wird Ihnen auch ganz schwindelig, wenn Sie sich die Jahresabrechnung anschauen? Vielleicht fechten Sie den Beschluss der Jahresabrechnung an, weil Sie sie einfach nicht verstehen? Oder weil Sie einen größeren Betrag nachzahlen müssen und die Hausverwaltung keine Anstalten macht, es Ihnen zu erklären? Manchmal sind Anfechtungsklagen berechtigt und manchmal unvermeidbar. Dennoch sollten Verwalter mal überlegen, wer eigentlich die Zielgruppe ihrer Jahresabrechnung ist und was man tun kann, damit die Kundschaft sich transparent informiert fühlt. Die Aufgabe des Verwalters ist es, den Eigentümern, und nicht nur dem Beirat, Rechenschaft darüber abzulegen, was mit ihrem Geld letztes Jahr passiert ist.

Kapitel 2: Jahresabrechnung

Die Jahresabrechnung hat zwei Funktionen:

- Sie soll dem Eigentümer zeigen, ob er etwas zurückbekommt oder nachzahlen muss – und den Rechenweg dorthin verständlich machen. Jeder soll in der Lage sein, die Jahresabrechnung nachzuvollziehen. Auch (oder vor allem?) diejenigen Eigentümer, die keine Bilanzbuchhalter sind. Die Abrechnung soll einfach und verständlich sein. Und idealerweise sollte sie bis April fertig sein.

- Der Gesetzgeber möchte außerdem, dass die Abrechnung bestimmte Angaben enthält, bspw. eine Liste der Umlageschlüssel, einen Vergleich der tatsächlichen Kosten mit den Soll-Vorauszahlungen oder die Entwicklung der Rücklage. Deswegen wird die Abrechnung manchmal doch etwas länger und eventuell etwas unübersichtlich – aber nicht zu sehr!

Selbstverständlich kann es sein, dass Sie einen größeren Betrag nachzahlen müssen. Das liegt in der Natur der Sache. Aber der Aufbau der Abrechnung ist entscheidend dafür, ob Sie die Abrechnung verstehen. Diese zentrale Frage muss immer im Mittelpunkt stehen. Deswegen ist die Jahresabrechnung keine Bilanz, sondern eine einfache Einnahmen-Ausgaben-Rechnung. Wenn der Verwalter vertrauenswürdig ist, folgt eine jahrelange Beziehung, die auf gegenseitigem Vertrauen basiert. Deswegen muss jeder Hausverwalter die Abrechnung so transparent wie möglich darstellen, damit nicht nur der Beirat, sondern auch alle anderen Wohnungseigentümer sie nachvollziehen und überprüfen können.

Die Transparenz gegenüber den Eigentümern steht jedenfalls im Mittelpunkt des Rechenwerks. Der Verwalter legt durch die Abrechnung Rechenschaft ab, dass er gut auf das treuhänderische Vermögen aufgepasst hat. Die Rechnung soll so einfach und verständlich wie möglich aufgebaut sein, damit jeder Eigentümer sie verstehen kann.

Die WEG-Jahresabrechnung

Teil 1: Verteilung der Kosten

Denken Sie mal an den typischen Vermieter, dem das ganze Mehrfamilienhaus gehört. Jede Rechnung, die sich auf das Gebäude bezieht, geht an ihn. Alle möglichen Nebenkosten, sei es Wasser, Strom oder die Versicherungsprämie, bezahlt er von seinem Girokonto und bekommt auf der anderen Seite Vorauszahlungen von den Mietern. Darüber erstellt er einmal im Jahr eine Abrechnung. Die sogenannte Betriebskostenverordnung regelt, welche Kosten er den Mietern in Rechnung stellen darf und welche nicht.

In einer Eigentümergemeinschaft gibt es nicht einen, sondern mehrere Gebäudeeigentümer. Bei den meisten Kosten wird aber keine separate Rechnung für jeden Eigentümer erstellt, sondern es gibt *eine einzige* Rechnung, die sich auf das gesamte Haus bezieht. Der Zahlungspflichtige ist stets die WEG, die ja eine eigene Rechtspersönlichkeit besitzt, und in der alle „Aktionäre" anteilig enthalten sind. Deswegen werden sämtliche Rechnungen an den Verwalter geschickt, der als gesetzlicher Vertreter der WEG für die Bezahlung vom WEG-Konto verantwortlich ist. Dies ist bei sehr vielen Nebenkosten der Fall, u.a. bei Versicherungsprämien, Niederschlagswassergebühren, Frischwasser- und Abwasserkosten, bei der monatlichen Hausmeisterrechnung usw.

Im Gegensatz zum Mietshaus gibt es kein Girokonto des Vermieters, das als Zwischenspeicher für die anfallenden Kosten fungiert, aber ein ähnlich funktionierendes Konto auf den Namen der WEG, das vom Verwalter betreut wird. Er übernimmt eine ähnliche Funktion wie die des Vermieters, nur dass es nicht sein Eigentum ist.

Im Gegensatz zum Mieter müssen die Eigentümer nicht nur die Betriebskosten bezahlen, sondern alle Kosten, die in Zusammenhang mit der Immobilie aufgekommen sind, denn sie sind ja allesamt Immobilieneigentümer. Wir werden noch detailliert auf die Betriebskosten zu sprechen kommen. Es gibt eine gesetzlich definierte „Obergrenze", welche Kosten höchstens auf die Mieter umgelegt werden dürfen und welche nicht. Betriebskosten entstehen durch den laufenden Betrieb einer Immobilie und reichen von Frischwasser, Abwasser, Müllabfuhr

Kapitel 2: Jahresabrechnung

bis zum Hausmeister, Gärtner und der jährlichen Dachkontrolle oder der Wartung des Aufzugs. Wiederum andere Dinge wie Reparaturen, Modernisierungsmaßnahmen, Bankgebühren, Rechtsberatung oder Hausverwaltung gehören nicht zum laufenden Betrieb einer Immobilie und müssen daher vom Vermieter bzw. Eigentümer getragen werden. Da es für Sie als Wohnungseigentümer diese Unterscheidung nicht gibt, enthält das Hausgeld alle Kosten, die in Zusammenhang mit der Immobilie überhaupt entstehen.

Damit die WEG zahlungsfähig bleibt, müssen die Eigentümer einen monatlichen Vorschuss zahlen, genannt Hausgeld. Diese beruht auf der Prognose der Kosten, die der Verwalter zu Beginn des Jahres aufstellt, der sog. Wirtschaftsplan. Am Ende des Jahres muss der Verwalter die WEG- Jahresabrechnung erstellen, um Rechenschaft darüber abzulegen, was er mit dem Geld gemacht hat. Sie ist objekt- und jahresbezogen, d.h. es gibt (aus Sicht der WEG) keine Zwischenabrechnung bei Eigentümerwechsel, sondern nur eine Jahresendabrechnung für die Eigentumswohnung, die der jeweils aktuelle Eigentümer am Ende des Jahres übernimmt.

Teil 2: Wie viel muss ich überweisen?

Wie viel jeder Eigentümer monatlich auf das WEG-Konto überweisen muss, hängt von der „Prognoserechnung" des Hausverwalters ab, die man Wirtschaftsplan nennt – und die übrigens erst dann rechtswirksam wird, wenn die Eigentümer sie auf der Eigentümerversammlung beschließen. Der Wirtschaftsplan berechnet für jede Wohnung die monatlichen Zahlungsbeträge, die man Hausgeld (oder Wohngeld) nennt und die als Finanzierungsvorschüsse dienen, um laufende Kosten zu bezahlen und in die Rücklage einzusparen.

Der Wirtschaftsplan basiert auf einer Jahresprognose und ist eigentlich eine Liste der erwarteten Ausgaben, sortiert nach Kostenarten (z.b. Frischwasser, Abwasser, Straßenreinigung, Versicherungsprämien…). Die einzelnen Kosten werden mit den gleichen Umrechnungsfaktoren auf die Wohneinheiten umgerechnet, die später auch in der Jahresabrechnung verwendet werden, z.b. Personen x Tage, Miteigentumsanteil usw. Man nennt sie Umlageschlüssel. Wir kommen später nochmal detailliert auf sie zurück. So errechnet man für jede Wohnung eine monatliche Vorauszahlung, die man Wohn- oder Hausgeld nennt.

Klar, dass der Wirtschaftsplan auch fast so aussieht wie die Jahresabrechnung. Der Wirtschaftsplan beruht auf prognostizierten, die Jahresabrechnung auf tatsächlichen Kosten. Das ist fast der gesamte Unterschied. Den Wirtschaftsplan erkennen Sie an seiner Überschrift.

Kapitel 2: Jahresabrechnung

Ein vereinfachtes Beispiel:

Kostenart	Gesamt-kosten	Umlage-schlüssel	Einheiten gesamt	Ihre Einheiten	Ihre Kosten
Frischwasser und Abwasser	2.000	Personen	10	2	400,00
Regenwasser	450	MEA	1.000	115	51,75
Straßenreinig.	200	MEA	1.000	115	23,00
Müllabfuhr	600	MEA	1.000	115	69,00
Hausmeister	6.000	MEA	1.000	115	690,00
Versicherung	1.200	MEA	1.000	115	138,00
Heizkosten	4.500	Heizkosten-abrechnung	4.500	900	900,00
Summe:	14.950			Ihre Summe:	2.271,75
				geteilt durch 12 Monate =	189,31

Mit den Umlageschlüsseln werden die erwarteten Kosten auf Ihre Wohnung umgerechnet. Ergebnis ist ein jahresbezogenes Hausgeld, im Beispiel 2.271,75 EUR, was Sie meistens monatlich bezahlen müssen. Hier sind es 189,31 EUR pro Monat.

Und wann ist die Zahlung fällig? Der Gesetzgeber spricht davon, dass der Verwalter von den Eigentümern Zahlungen *anfordert,* und zwar auf Grundlage des Wirtschaftsplans, der wiederum von den Eigentümern auf der Eigentümerversammlung beschlossen wurde. In den meisten Fällen werden jedenfalls zwölf gleiche Monatsraten gezahlt.

Weil der Verwalter als Treuhänder von fremdem Vermögen fungiert, muss er den Eigentümern nach Jahresende über dessen Verwendung Rechenschaft ablegen. Dazu dient die Jahresabrechnung.

Teil 3: Keine Rücksicht auf Vorauszahlungen?

Wenn Sie Ihre Abrechnung im Briefkasten finden, was interessiert Sie dann am meisten? Der Betrag, den Sie zurückbekommen oder nachzahlen müssen, also Kosten minus Vorauszahlungen. Dies ist der sogenannte Saldo.

Unterm Strich ist das auch der Betrag, der mit Ihnen verrechnet wird, aber hier wird es etwas kompliziert – zumindest sofern der Verwalter eine Abrechnung erstellt, die rechtlich nicht angreifbar sein soll. Denn obwohl der Gesetzgeber möchte, dass die Jahresabrechnung auch für Laien einfach und schnell verständlich sein soll, hat er sich für diesen Abschnitt etwas Besonderes ausgedacht. Es werden nämlich die tatsächlichen Kosten mit den Soll-Vorauszahlungen verrechnet, unabhängig davon, wie viel Sie wirklich vorausgezahlt haben. Das Ergebnis nennt man Abrechnungsspitze. Erst in einem separaten Schritt wird dann das zu viel oder zu wenig gezahlte Hausgeld mit Ihnen verrechnet.

Warum dann das ganze Theater und die künstliche Aufteilung in zwei Rechenschritte? Der Bundesgerichtshof hat im Jahr 2012 entschieden, dass eine Abrechnung formell falsch wäre, in der man echte Kosten und tatsächliche Einnahmen gegenüberstellt. Deutschlands oberste Richter verstehen das Rechenwerk als „Geschwisterpaar", bestehend aus Wirtschaftsplan und Jahresabrechnung, wobei die Abrechnung die Vorauszahlungen nachträglich „korrigieren" soll. Soweit klar, aber vorgeschrieben ist ein Zwischenschritt:

Der erste Teil ist der Wirtschaftsplan. Er ist eine eigene Anspruchsgrundlage mit eigener Verjährungsfrist, die unabhängig von der Jahresabrechnung einklagbar ist. Der Wirtschaftsplan gibt vor, wieviel Geld Sie monatlich (voraus-)bezahlen müssen, also die sog. Soll-Vorauszahlungen. Was Sie tatsächlich bezahlen, nennt man Ist-Vorauszahlungen. Der Unterschied kann für eine WEG sehr wichtig sein, wenn jemand seine Vorschüsse nicht bezahlt. Rückstände können gefährlich werden, wenn z.B. die Versicherungsprämie für das Gebäude nicht eingezogen werden kann, weil das Konto nicht gedeckt ist. Dann wäre der Versicherungsschutz Ihres Gebäudes gefährdet. Damit die WEG schon während des Jahres offene Forderungen durchsetzen kann, und die monatliche Rate nicht ständig neu verhandeln muss, wenn jemand nicht zah-

Kapitel 2: Jahresabrechnung 51

len möchte oder kann, ist der Wirtschaftsplan ein verbindlicher Anspruch der WEG, der eigenständig besteht und jederzeit eingeklagt werden kann, weil er von der Jahresabrechnung getrennt beschlossen wurde – aber daher auch früher verjährt. Der Verwalter muss und sollte nicht bis zur Abrechnung warten, wenn jemand nicht bezahlt, weil die WEG ansonsten ernste Probleme bekommen könnte.

Der zweite Teil ist die Jahresabrechnung. Weil Zahlungsrückstände ja bereits über den Wirtschaftsplan verbindlich feststehen und separat geltend gemacht werden müssen, passen sie nicht mehr in die Jahresabrechnung. Sonst würde man Rückstände ja zweimal beschließen, was wiederum keine klare Rechtslage bedeuten würde. Das ist der Grund, aus dem man in der Jahresabrechnung die tatsächlichen Kosten mit den Soll-Vorauszahlungen vergleicht.

Fazit: Die Jahresabrechnung rechnet tatsächliche Kosten gegen die Soll-Vorauszahlungen und der Wirtschaftsplan rechnet Soll-Vorauszahlungen gegen tatsächliche Vorauszahlungen. In Summe besteht das ganze Zahlenwerk dann ja trotzdem aus echten Vorauszahlungen, die mit tatsächlichen Kosten verrechnet werden. Den Bundesgerichtshof interessiert aber nicht, was unterm Strich passiert, sondern er fordert, dass Wirtschaftsplan und Jahresabrechnung strikt getrennt werden – was manche Eigentümer verständlicherweise irritiert. Zwar kann jeder Verwalter auf Wunsch der Wohnungseigentümer entscheiden, die Abrechnung anders aufzubauen. Das würde aber bedeuten, dass die Abrechnung vor Gericht aus formellen Gründen einstürzen würde, wenn jemand klagt, der nicht zahlen möchte oder kann.

Saldo, Abrechnungsspitze, Wirtschaftsplan. Ein Beispiel:

Der Wirtschaftsplan verpflichtet Sie, im Laufe des Kalenderjahres 1.200 EUR Hausgeld zu bezahlen (Soll-Vorauszahlung). Leider haben Sie vergessen, den Dauerauftrag zu ändern und haben somit in 12 Monaten nur 1.000 EUR überwiesen (Ist-Vorauszahlung). Der Verwalter hätte Sie rechtzeitig ermahnen müssen, das volle Hausgeld zu bezahlen. Nun besteht jedenfalls ein Rückstand von 200 EUR, der seine eigene Verjährungsfrist hat. Weil die bestehende Forderung (zu Ihrem Schutz) nicht erneut (also doppelt) beschlossen werden kann, ist Ihr Rückstand kein Bestandteil der Jahresabrechnung. Weil der Wirtschaftsplan meistens ein Jahr vor der Abrechnung beschlossen wurde, endet seine Verjährungsfrist auch früher.

Ist-Vorauszahlung ./. Soll-Vorauszahlung = Rückstand Wirtschaftsplan

1.000 EUR −1.200 EUR = −200 EUR

Am Anfang des nächsten Jahres erstellt der Verwalter die Jahresabrechnung. Auf Ihre Wohnung entfallen tatsächliche Kosten von 900 EUR (Ist-Kosten). Die Jahresabrechnung vergleicht diese mit den geschuldeten 1.200 EUR (Soll-Vorauszahlung). Die Differenz nennt man Abrechnungsspitze. Sie beträgt 300 EUR zu Ihren Gunsten. Dies ist der Beschlussgegenstand der Jahresabrechnung – ohne die rückständigen Zahlungen.

Soll-Vorauszahlung ./. Ist-Kosten = Abrechnungsspitze

1.200 EUR −900 EUR = +300 EUR

In der Sekunde der Beschlussfassung ist die Abrechnungsspitze von 300 EUR fällig geworden. Obwohl Sie 200 EUR zu wenig gezahlt haben und so gesehen nur 100 EUR bekommen müssten, haben Sie einen Anspruch auf Überweisung der 300 EUR.

Kapitel 2: Jahresabrechnung 53

Getrennt davon schulden Sie der WEG noch 200 EUR aufgrund des Wirtschaftsplans. Dieser Betrag ist schon vorher fällig gewesen. Der Ball liegt aber beim Verwalter. Er muss sich jetzt darum kümmern, Ihnen die sog. Aufrechnung der beiden Forderungen zu erklären. Wenn er das tut, bleibt Ihnen in Summe ein Guthaben von 100 EUR, der sog. Saldo. Die beiden Rechenwege führen zum gleichen Ergebnis:

Ist-Vorauszahlung	./. Ist-Kosten	= Saldo
1.000 EUR	−900 EUR	= +100 EUR

oder:

Abrechnungsspitze	./. Rückstand Wirtschaftsplan	= Saldo
300 EUR	−200 EUR	= +100 EUR

Eigentlich ganz einfach.

Teil 4: Die Umlageschlüssel

Die Gesamtabrechnung ist gewissermaßen eine geordnete Übersicht der Gesamtkosten für das ganze Haus. Sie zeigt Ihnen die tatsächlich abgeflossenen Beträge, sortiert nach Kostenarten. Ein Beispiel:

Kostenart	Gesamtkosten 2023
Frisch- und Abwasser	2.200 EUR
Regenwasser	450 EUR
Müllabfuhr	1.600 EUR
Straßenreinigung	50 EUR
Allgemeinstrom	200 EUR
Hausreinigung	1.500 EUR
Gartenpflege	900 EUR
Winterdienst	200 EUR
Versicherung	1.600 EUR
Wartungskosten	330 EUR
Heizkosten	7.100 EUR
Summe Gesamthaus	**16.130 EUR**

In der *Einzelabrechnung* für Ihre Wohnung finden Sie die Höhe der Kosten, die Sie für Ihre Wohnung bezahlen müssen. Dort werden die Beträge aus der Gesamtabrechnung auf den Anteil Ihrer Wohnung umgerechnet. Die Faktoren, die man dafür verwendet, also Zähler und Nenner, nennt man Umlageschlüssel. Ein Beispiel:

Kosten Müllabfuhr / Gesamteinheiten x Ihre Einheiten = Ihre Kosten

1.600 EUR   / 1.000 MEA   · 115 MEA   = 184 EUR

Weil jede Kostenart einen anderen Umlageschlüssel haben kann, muss der Verwalter (bzw. dessen Software) in der Einzelabrechnung jede Kostenposition einzeln umrechnen. In der Einzelabrechnung wird dieser Rechenschritt nacheinander für sämtliche Kostenarten aufgelistet.

Kapitel 2: Jahresabrechnung

Zum Beispiel:

Kostenart	Gesamt-kosten	Umlage-schlüssel	Einheiten Gesamt	Ihre Einheiten	Ihre Kosten
Frisch- und Abwasser	2.200 €	Zählerstand	4.000	535	294,25 €
Regenwasser	450 €	MEA	1.000	115	51,75 €
Müllabfuhr	1.600 €	MEA	1.000	115	184,00 €
Straßenreinigung	50 €	MEA	1.000	115	5,75 €
Allgemeinstrom	200 €	Personen	15	2	26,67 €
Hausreinigung	1.500 €	MEA	1.000	115	172,50 €
Gartenpflege	900 €	MEA	1.000	115	103,50 €
Winterdienst	200 €	MEA	1.000	115	23,00 €
Versicherung	1.600 €	MEA	1.000	115	184,00 €
Wartungskosten	330 €	MEA	1.000	115	37,95 €
Heizkosten	7.100 €	Heizkosten	7.100	815	815,00 €
Summe gesamt	**16.130 €**			**Ihre Summe**	**1.898 €**

Das WoEigG sieht als gesetzlichen Standard zur Kostenverteilung den Miteigentumsanteil vor. Das ist aber nicht zwingend vorgeschrieben. In der Teilungserklärung können Umlageschlüssel für bestimmte Kostenarten verbindlich vorgegeben sein. Außerdem können Sie sie nachträglich per Beschluss auf der Eigentümerversammlung ändern, sofern niemand dadurch erheblich benachteiligt wird.

Der Begriff „erhebliche Benachteiligung" ist übrigens ganz bewusst eine schwammige Formulierung, denn es liegt ja in der Natur der Sache, dass manche Leute weniger und andere mehr bezahlen, wenn man die Umlageschlüssel ändert. Das allein reicht nicht als Grund, um die Änderung von Umlageschlüsseln zu blockieren. Die aktuell gültigen Umlageschlüssel Ihrer WEG finden Sie in der Teilungserklärung bzw. in der Beschlusssammlung.

Häufig verwendete Umlageschlüssel:

Hier ist eine Liste von Umlageschlüsseln, die erfahrungsgemäß häufig verwendet werden. Die Liste ist nicht allgemeinverbindlich, denn was sinnvoll ist, kommt immer auf den Einzelfall an. Verbindlich ist, was in Ihrer Teilungserklärung steht bzw. später ggfs. von der Eigentümergemeinschaft beschlossen wurde.

Kostenart	Umlageschlüssel
Frischwasser	Personen, Zählerstände, MEA
Abwasser	Personen, Zählerstände, MEA
Niederschlagswasser	MEA
Müllabfuhr	Personen, MEA, Wohnungen
Straßenreinigung	Personen, MEA, Wohnungen
Allgemeinstrom	Personen, Wohnungen, MEA
Hausmeister	MEA, Wohnungen
Hausreinigung	MEA, Wohnungen
Gartenpflege	MEA, Wohnungen
Winterdienst	MEA, Wohnungen
Versicherungsprämien	MEA
Kabel-TV	Wohnungen, MEA
Wartungskosten	MEA, Wohnungen
Heizkosten und Warmwasser	70-50% nach Verbrauch 30-50% nach beheizter Fläche
Verwaltungskosten	Wohnungen, MEA
Rechtsberatungskosten	MEA
Versicherungsschäden	MEA
Bankgebühren	MEA, Wohnungen
Instandhaltung und Instandsetzung	MEA
Beitragspflicht zur Rücklage	MEA (sollte auf keinen Fall von „Instandhaltung und Instandsetzung zu Lasten der Rücklage" abweichen!)

Kapitel 2: Jahresabrechnung

In bestimmten Sonderfällen können auch sehr spezielle Umlageschlüssel sinnvoll sein, müssen dann aber mehrheitlich in der Eigentümerversammlung beschlossen werden.

Ich kenne ein Dreifamilienhaus, dort wurde wild über die Umlageschlüssel der Rücklage diskutiert, also bzgl. der Beitragspflicht zur und Entnahme aus der Rücklage. Viele andere Kosten in diesem Haus wurden nämlich nach Anzahl der Wohnungen verteilt – also zahlte jede Partei ein Drittel – während die Rücklage nach gesetzlichem Standard, dem MEA, aufgeteilt wurde. Es wurden MEA und Wohneinheiten als Umlageschlüssel für die Rücklage vorgeschlagen, bei beidem konnte man sich nicht einigen. Es war ein sinnvoller Kompromiss, die Umlageschlüssel zu „mischen", also 50% nach MEA und 50% nach WE zu verteilen. Sicherlich etwas ungewöhnlich, aber somit waren alle Parteien einverstanden und können nun seit vielen Jahren gut damit leben.

Ein weiteres Beispiel sind Aufzüge: Auch hier gilt der MEA als gesetzlicher Standard-Umlageschlüssel. Jeder muss seinen Anteil tragen, auch wenn Sie im Erdgeschoss wohnen, denn Sie könnten mit dem Lift ja in den Keller fahren, was nicht allzu häufig passiert. Die Eigentümer im DG jedoch benutzen den Aufzug vermutlich ständig – wer möchte schon andauernd die schweren Sprudelkästen bis ganz nach oben schleppen?

Mit entsprechender Mehrheit kann die WEG einen besonderen Umlageschlüssel beschließen, um der etagenabhängigen Nutzung gerecht zu werden. Das Amtsgericht Nürnberg-Fürth hat im Jahr 2008 in einem bestimmten Fall mal die Vergabe von „Aufzugspunkten" bestätigt. Das EG wurde mit einem Faktor von 1,3 an den Kosten beteiligt, das 1.OG mit 1,4, das 2.OG mit 1,5 usw. Wenn man solche Experimente machen und vom gesetzlichen Standard abweichen möchte, sollte man in Abhängigkeit vom Einzelfall sehr viel Fingerspitzengefühl beweisen, denn Gleichbehandlung bedeutet auch, niemanden zu Unrecht mit Mehr- oder Minderkosten zu belasten! Und wenn man mit dem Lift auch in den Keller fahren kann, müssen auch die Anwohner im EG an den Kosten beteiligt werden.

Rechnungsabgrenzung oder nicht? Über Heizkosten und die (ehemals) simple Logik der WEG-Abrechnung

Liebe Buchhalter und Wirtschaftsprüfer aufgepasst, haltet Euch Augen und Ohren zu, dieser Artikel wird Euch überhaupt nicht gefallen. Vieles ist im Wohnungseigentumsrecht verboten, was für Jahresabschlüsse von Kapitalgesellschaften verbindlich vorgeschrieben ist. Und andersrum auch. Insbesondere Rechnungsabgrenzungsposten, die Lieblinge von Wirtschaftsprüfern, Bilanzbuchhaltern und Steuerberatern, gibt es bei Wohnungseigentümergemeinschaften nicht. Keine Regel ohne Ausnahme, aber dazu später.

Jede Kapitalgesellschaft (AG, GmbH,...) muss laut Handelsgesetzbuch einen Jahresabschluss veröffentlichen. Also eine Gewinnrechnung, aus der die Anteilseigner ablesen können, wie viel man verdient hat. Das ist u.a. wichtig für die Gewinnbeteiligung. Und eine Bilanz, in der man erkennt, wie es um die Vermögenslage eines gewinnorientierten Unternehmens steht. Im Mittelpunkt steht der Gläubigerschutz.

Der „Jahresabschluss" einer Wohnungseigentümergemeinschaft heißt Jahresabrechnung und hat ganz andere Ziele. Eine Gewinnbeteiligung gibt es nicht. Die WEG-Jahresabrechnung soll leicht verständlich und für jeden Eigentümer schnell und einfach nachvollziehbar sein. Deswegen ist die Jahresabrechnung eine einfache Kassenrechnung, die sich an Geldbewegungen auf dem Konto orientiert. Schließlich verfolgt die WEG keine Gewinnerzielungsabsicht, sondern deckt die Kosten der eigenen (oder vermieteten) vier Wände.

Bei Kapitalgesellschaften nutzt man Rechnungsabgrenzungsposten, um periodenfremde Zahlungen dem richtigen Jahr zuzuordnen, damit der Gewinnausweis nicht verzerrt wird. So könnte man bspw. Wartungskosten, die nur alle drei Jahre anfallen, jedem der drei Jahre zu einem Drittel zuordnen. In Wohnungseigentümergemeinschaften darf man so etwas nicht tun, damit jeder Eigentümer die Jahresabrechnung anhand von Kontobewegungen einfach und schnell selbst prüfen könnte. Stellen Sie sich Folgendes vor:

Kapitel 2: Jahresabrechnung

- Die Rechnung für den Dezember-Winterdienst wird erst im Januar gezahlt.
- Sie überweisen Hausgeld am 31.12., es kommt aber erst am 02.01. an.

Und nun, was macht man mit solchen Rechnungen? Gar nichts, bzw. keine Änderung, so die Regelung im Wohnungseigentumsrecht. Ob die Kosten zur Abrechnungsperiode gehören, ist nicht von Bedeutung. Sie werden im Jahr der Kontobewegung gebucht. Ganz simpel:

- Der Winterdienst gehört zwar eigentlich zum letzten Dezember, aber er wurde im Januar gezahlt und somit auch im Januar gebucht.
- Ihre Vorauszahlung haben Sie zwar im Dezember abgeschickt, aber sie ist im Januar angekommen und wird daher auch im Januar gebucht.

Fertig. Was im Abrechnungsjahr über das Konto fließt, gehört ausnahmslos in die Abrechnung, alles andere bleibt draußen. Eine WEG verfolgt keine Gewinnerzielungsabsicht, deswegen müssen „Aufwendungen und Erträge" auch nicht periodisiert werden. Gegenstand einer WEG-Jahresabrechnung sind die Geldbewegungen auf dem Bankkonto.

Simpel, klar und gut. Wenn Sie oder der Beirat die Abrechnung auf Richtigkeit überprüfen möchten, haben Sie in der Regel nicht die Routine eines Wirtschaftsprüfers, der sowas beruflich macht. Wahrscheinlich machen Sie sich eine Liste für Nebenrechnungen oder Summen. Vielleicht nehmen Sie sich die Kontoauszüge vor und summieren gleichartige Kosten (z.B. Strom, Hausmeister, …), die Sie dann mit den Gesamtbeträgen aus der Abrechnung vergleichen. Wenn Sie die Kontoauszüge von Januar bis Dezember in der Hand haben, muss dort alles zu finden sein, was Sie zur Kontrolle brauchen. Dann ist die Arbeit einfach – und Manipulationen praktisch unmöglich. Nach §18 WoEigG können Sie übrigens jederzeit von der WEG Einsicht in die Unterlagen verlangen, um genau diese Prüfung vorzunehmen.

Keine Regel ohne Ausnahme: Die Heiz- und Warmwasserkosten.

Das Wohnungseigentumsgesetz stammt aus dem Jahr 1951, die Heizkostenverordnung kam in den 70er-Jahren dazu. Der Gesetzgeber hatte erkannt, dass man die Leute zum Energiesparen animieren muss – und schnell gab es andere Pläne, die nicht mehr zur simplen Logik des Wohnungseigentumsgesetzes passten. Damit möglichst viele Bürger (Heiz-) Energie sparen, wurde schnell eine allgemeinverbindliche Heizkostenverordnung auf die Beine gestellt, die HeizKV. Diese räumte sich in den Paragraphen eins bis drei kurzerhand Vorrang gegenüber allen anderen Regelungen ein und wurde auch für WEGs verbindlich vorgeschrieben.

Das einfache Prinzip der Kassenrechnung passt nicht ins Bild der HeizKV. Man war nun der Meinung, dass Sie nur lernen, auf Ihren Brennstoffverbrauch zu achten, wenn man Heizkosten genauso abrechnet, wie sie verbraucht wurden – also periodisiert, d.h. den jeweiligen Verbrauchsjahren zugeordnet. Wenn im Januar 2024 die Gasrechnung für 2023 kommt, dann gehört sie zum Jahr 2023. Und zwar, obwohl sie erst 2024 bezahlt wird! Sie sehen schon, das beißt sich ziemlich mit den WEG-Regeln. Aber so ist es gewollt.

Die konsequente Schlichtheit der WEG-Kassenrechnung wurde ausgehebelt. Seitdem gibt es einen Unterschied zwischen Einzel- und Gesamtabrechnung. Die Gesamtabrechnung ist eine Liste der tatsächlich abgeflossenen Gelder und zeigt auch nur die Heizkosten, die im Kalenderjahr bezahlt wurden. In der Einzelabrechnung für Ihre Wohnung müssen Kosten für Heizung und Warmwasser aber nach dem *Leistungsprinzip* abgerechnet, d.h. abgegrenzt werden. Ausschließlich der im Abrechnungszeitraum *verbrauchte* Brennstoff darf angesetzt werden – nicht die Geldbewegungen auf dem Bankkonto. Hier sind Rechnungsabgrenzungsposten also doch vorgeschrieben.

Erhaltungsrücklage: Das Vereinssparschwein der WEG

Als Wohnungseigentümer müssen Sie neben Betriebskosten auch Ihren Anteil an der Erhaltungsrücklage bezahlen. Sie ist das Vereinssparschwein der WEG.

Selbst die beste WEG bekäme Zahlungsprobleme, wenn sie sich erst bei Fälligkeit ums Geld kümmert. Daher dient die Beitragspflicht zur Rücklage dem vorsorglichen Sparen für zukünftige Reparaturen, die Sie heute noch nicht absehen können – oder die bereits erkennbar sind, wie ein neues Dach, und auf die Sie hin sparen.

Jeder Eigenheimbesitzer weiß, dass Reparaturen unregelmäßig auftreten und meistens dann kommen, wenn man sie nicht gebrauchen kann. Und dass Heizung, Waschmaschine und Backofen komischerweise immer gleichzeitig kaputtgehen. Aber der Eigenheimbesitzer wohnt allein im eigenen Haus, seine Heizung versorgt keine Nachbarn, mit denen man sich abstimmen muss. Und Mietminderungen sind sowieso per se ausgeschlossen.

In der WEG gibt es keinen Alleineigentümer – der Verwalter ist verantwortlich für Reparaturen des Gemeinschaftseigentums. Und im Gegensatz zum Eigenheimbesitzer sorgen WEGs zumindest etwas systematischer vor, weil sie schon aus gesetzlichen Gründen eine „angemessene" Rücklage ansammeln müssen. Gäbe es keine, dann könnte der Verwalter das nötige Geld für eine unvorhergesehene Reparatur oftmals nicht auftreiben – zumindest nicht kurzfristig. Selbst wenn der Verwalter mit dem Klingelbeutel durchs Treppenhaus geht – es wäre schon ein kleines Wunder, wenn 100% der Eigentümer praktisch über Nacht ihren Anteil an einer neuen Heizung oder einer Dachreparatur aus dem Ärmel schütteln könnten – von Formalitäten wie der notwendigen Beschlussfassung ganz abgesehen. Der Verwalter müsste mittel- und hilflos zusehen, wie verschiedene Eigentümer mit Mietminderungen und Hotelkosten der Mieter konfrontiert werden.

Und es bleibt ja nicht bei einer Maßnahme. Während der Lebensdauer eines Gebäudes tritt immer wieder Instandhaltungsbedarf auf. Gäbe es keine Rücklage, würde das Gemeinschaftseigentum im Laufe der Zeit verwahrlosen, weil bei jeder größeren Kleinigkeit regelmäßig jemand Probleme hätte, kurzfristig das nötige Geld aufzubringen. Irgendwann würde vielleicht auch der Verwalter resignieren und immer häufiger genervt wegsehen. Die Bausubstanz beginnt mit der Zeit zu bröckeln – und mit ihr die Nutzbarkeit Ihrer Eigentumswohnung.

Deswegen wird fleißig gespart. Das WoEigG sieht in § 19 „die Ansammlung einer angemessenen Erhaltungsrücklage" vor. Es ist einfach beruhigend, dass der Verwalter notfalls einen Rücklagentopf hat, auf den er zurückgreifen könnte. Natürlich darf er das Geld nur verwenden, wenn es hierfür einen Beschluss gibt. Aber im Notfall können so auch größere Maßnahmen schnell finanziert werden, ohne einzelne Eigentümer finanziell zu überfordern.

Interessanterweise fragen Eigentümer öfters mal danach, ob sie für die Rücklage einen separaten Dauerauftrag einrichten sollen. Aber die Beitragspflicht zur Rücklage ist ja bereits im monatlichen Hausgeld enthalten. Die Zahlungspflicht entsteht durch Beschluss über den Wirtschaftsplan, der eine Jahressumme ist und meist in zwölf Monatsvorschüssen gezahlt wird. Hierin ist neben allen möglichen anderen Kosten auch der Beitrag zur Rücklage enthalten.

Kapitel 2: Jahresabrechnung

Hier ein Beispiel eines Wirtschaftsplans mit Rücklagenbeitrag:

Kostenart	Gesamtkosten	Umlageschlüssel	Einheiten gesamt	Ihre Einheiten	Ihre Kosten
Wasser	2.000	Personen	10	2	400,00
Regenwasser	450	MEA	1.000	115	51,75
Straßenreinigung	200	MEA	1.000	115	23,00
Müllabfuhr	600	MEA	1.000	115	69,00
Hausmeister	6.000	MEA	1.000	115	690,00
Versicherung	1.200	MEA	1.000	115	138,00
Heizung	4.500	Heizkosten	4.500	900	900,00
...	...	...	...	...	...
Beitrag Rücklage	2.600	MEA	1.000	115	299,00
...	...	...	...	...	...
Summe gesamt:	17.550			Ihre Summe:	2.570,75
				geteilt durch 12 Monate:	214,23

Der Wirtschaftsplan führt zu einem Gesamtbetrag. Der Gesetzgeber differenziert nicht zwischen „Rücklage und Rest". Trotzdem haben viele Eigentümer das Bedürfnis, den Rücklagenanteil zu berechnen, schließlich wird dieser Teil ja nicht ausgegeben, sondern gespart. Im Beispiel muss der Eigentümer monatlich 214 EUR an die WEG überweisen. Darin enthalten ist eine Beitragspflicht zur Rücklage in Höhe von 299 EUR pro Jahr bzw. 299 / 12 = 24,92 EUR pro Monat.

Übrigens ist schon die Umrechnung auf einen Monat nicht ganz korrekt, denn es handelt sich beim Hausgeld um den Finanzierungsbeitrag des gesamten Jahres. Und auch die Beitragspflicht zur Rücklage bezieht sich auf das Kalenderjahr. Die Hausgeldraten werden fällig, wenn der Verwalter das Geld „anfordert". Aber man ist monatliche Abschläge oftmals gewohnt, daher wird es in der Praxis meistens so gehandhabt.

Und in der Abrechnung? Anders als die übrigen Nebenkosten verlässt der Rücklagenbeitrag das Konto der WEG (erstmal) nicht. Umbuchungen vom / ans Sparbuch ändern daran nichts: Das Geld, das Sie ins

Rücklagen-Sparschwein stecken, befindet sich weiterhin im Vermögen der WEG. Erst wenn damit Reparaturmaßnahmen bezahlt werden, verlässt es Ihre gemeinsame Bankverbindung.

Trotzdem muss der Beitrag ja bereits im Abrechnungsjahr als Ausgabe aufgeführt werden. Wenn das Geld, das im Sparschwein landet, den Eigentümern nicht in Rechnung gestellt würde, bekämen sie den Betrag mit der Jahresabrechnung erstattet und die Rücklage bliebe leer. Also hat die Rechtsprechung entschieden, dass die Rücklage durch einen Buchungsvorgang im Computer der Hausverwaltung entsteht – und nicht durch Überweisung ans Sparbuch. Die Hin- und Herbucherei muss rechnerisch in der Jahresabrechnung die gleiche Wirkung haben wie echte Ausgaben. Das gilt selbst dann, wenn gar kein Sparkonto existiert und die Rücklage sich mit auf dem Girokonto der WEG befindet! Der Gegenwert der Rücklage muss natürlich durch die Guthaben auf Sparbuch und Girokonto der WEG gedeckt sein, sonst stimmt in der Rechnung etwas nicht.

Merke: Der Buchungsvorgang (bzw. der Beschluss der Eigentümerversammlung) entscheidet über die Höhe der Rücklage, und nicht das Vorhandensein eines Sparbuchs.

Kapitel 2: Jahresabrechnung 65

Das Sparkonto ist nicht die Rücklage!

Zu den hartnäckigsten Irrtümern bei der WEG-Jahresabrechnung gehört die Vorstellung, dass die Erhaltungsrücklage dem Sparkonto bei der Bank entspricht. Sogar viele WEG-Verwalter glauben daran.

Dabei hat die Rechtsprechung schon lange klargestellt, dass die Rücklage durch einen Buchungsvorgang im Computer der Hausverwaltung entsteht – und nicht durch Überweisung vom Giro- auf das Sparkonto (Quelle: BGH, Urteil vom 25.09.2020 - V ZR 80/19). Natürlich muss der Gegenwert der Rücklage durch Guthaben auf Sparbuch und Girokonto gedeckt sein, denn sonst geht die Rechnung nicht auf.

Aber stellen Sie sich mal Folgendes vor: Das Jahr ist abgeschlossen und das Geld der Rücklage liegt auf dem Sparkonto. Am ersten Januar dürfte sich dann eigentlich kein Geld mehr auf dem Girokonto der WEG befinden, abgesehen von Guthaben und Nachzahlungen der Eigentümer aus dem Vorjahr. Aber diese müssten erst noch ausgerechnet und dann erstattet bzw. eingefordert werden. Das Girokonto wäre also immer mehr oder weniger bei null, es sei denn, die Eigentümer hätten systematisch zu viel bezahlt, was im Normalfall nicht passiert. Wenn die Stadtwerke dann am zweiten Januar den Abschlag für Gas und Wasser abbuchen wollen, platzt die Lastschrift mangels Deckung, weil sich ja das gesamte Guthaben auf dem Sparkonto befinden würde. Schon allein deswegen befindet sich immer etwas Geld auf dem Girokonto, weil der Verwalter nicht ins Minus geraten darf.

Die (buchungstechnische) Rücklage darf natürlich nicht dazu genutzt werden, ständig irgendwas vorzufinanzieren, entsprechend sollten die monatlichen Hausgelder schon hoch genug und mit etwas Puffer angesetzt sein. Genau wie die Vorauszahlungen an die Stadtwerke verteilt sich auch die Zuführung zur Rücklage über das ganze Jahr. Es kann sogar sein, dass die WEG nur ein einziges (Giro-) Konto führt, ganz ohne Sparkonto. In Zeiten von Negativzinsen war das auch gar nicht so tragisch.

Die Zuführung zur Rücklage ist ein Buchungsposten und geschieht durch einen Mausklick am Jahresende, wenn der Verwalter Ihre Jahresabrechnung erstellt. Dieser Mausklick ist übrigens erst wirksam, wenn die Eigentümerversammlung ihn durch Beschluss bestätigt. Damit ist nicht die Umbuchung auf das Sparkonto gemeint, sondern die Buchung der Position „Rücklage" in der Software der Verwaltung. Stellen Sie sich zur Verdeutlichung die folgende Situation vor: Die WEG wählt einen neuen Verwalter, und dieser kündigt die alte Kontoverbindung und geht zu einer anderen Bank, wo er ein neues Giro- und Sparkonto für die WEG eröffnet. Hat der Verwalter jetzt die Rücklage aufgelöst? Und neu geschaffen? Muss er eine (temporäre) Auflösung der Rücklage buchen? Das ist natürlich alles Unsinn.

Nicht das Vorhandensein eines Sparbuchs entscheidet über die Höhe der Rücklage, sondern nur der buchungstechnische Vorgang. Entsprechend liest es sich auch in einem Urteils des Bundesgerichtshofes vom 25.09.2020 – V ZR 80/19. In der Entscheidung steht: „Ebenso wenig darf der buchhalterische Gesamtbestand der Instandhaltungsrücklage mit dem Stand des für die Wohnungseigentümergemeinschaft geführten Tagesgeldkontos gleichgesetzt werden. [...] Ebenso wenig entsprechen die Ausgaben von dem Tagesgeldkonto [...] der (buchhalterischen) Entnahme aus der Instandhaltungsrücklage [...], weil das Tagesgeldkonto auch hinsichtlich der Ausgaben nicht mit der buchhalterischen Entwicklung der Instandhaltungsrücklage gleichgesetzt werden kann." Siehe BGH, Urteil vom 25.09.2020 - V ZR 80/19.

Kapitel 2: Jahresabrechnung

Die optimale Höhe der Rücklage?

Die Rücklage sollte ein Puffer für Unvorhergesehenes sein, und sollte sich daher an zukünftigen Instandhaltungskosten orientieren – aber wie hoch sind die? Mangels Alternative verwendet man oftmals Durchschnittswerte. Diese werden dann mit der Fläche des Gebäudes multipliziert, um die jährliche Beitragspflicht zur Erhaltungsrücklage auszurechnen.

Einen der populärsten Durchschnittswerte finden Sie in der II. BV (Zweite Berechnungsverordnung). Dabei ist ihr Inhalt nicht einmal besonders überzeugend – und auch gar nicht für WEGs gedacht. Als gesetzliche Grundlage für den sozialen Wohnungsbau differenziert sie drei Altersklassen von Gebäuden: Jünger als 22 Jahre, 22 bis 32 Jahre und ältere Gebäude. Für diese werden dann Instandhaltungskosten in Höhe von 7,10 EUR, 9 EUR bzw. 11,50 EUR pro qm und Jahr angesetzt. Kaum berücksichtigt wird, über welche (hochwertige) Gebäudetechnik ein Haus verfügt. Klar, denn die Verordnung bezieht sich ja auf den sozialen Wohnungsbau und nicht auf Eigentümergemeinschaften. Zudem stammt das Werk aus dem Jahr 1957 und wurde 1990 neu gefasst, als u.a. Sprinklertechnik und Brandmeldezentralen für Tiefgaragen noch nicht so verbreitet waren wie im heutigen Neubau. Von moderner Gebäudetechnik ganz zu schweigen.

Aber die II. BV enthält eben als einzige Verordnung weit und breit einen Paragraphen zu Instandhaltungskosten, die in §28 genannt werden – wenn auch kaum differenziert und nur als grober Durchschnittswert angegeben. Die Werte dort haben sich seit mindestens 15 Jahren nicht mehr geändert, obwohl Inflation und Baukosten ständig steigen. Zudem sind die Werte ja auch gar nicht für den Ansatz im Wirtschaftsplan gedacht. Man verwendet sie einfach, weil es kaum Alternativen gibt.

Eigentlich müsste man Instandhaltungskosten ja für jedes Gebäude individuell ausrechnen, weil sie so stark vom Einzelfall abhängig sind: Alter und Zustand des Gebäudes, vorhandene Gebäudetechnik, absehbare Erneuerungsinvestitionen und Modernisierungsmaßnahmen uvm. Solche Faktoren müssten ja eigentlich viel öfter berücksichtigt werden, anstatt auf veraltete Werte aus dem sozialen Wohnungsbau zurückzugreifen. Aber wieso macht das dann niemand?

Das Problem ist nicht, dass bisher niemand eine bessere Idee gehabt hätte. Aber jede Immobilie umfasst so viele verschiedene Gewerke, die irgendwann mal instandgehalten oder -gesetzt werden müssen. Möchten Sie wirklich individuelle Werte berechnen und ansetzen? Sie müssten für Heizung, Dach, Abwasserleitungen, RWA-Anlage, Fenster, Aufzug, Tiefgaragentor und Klingeltableau usw. alle möglichen Parameter abschätzen, z.B. die Verarbeitungsqualität, Haltbarkeit und Restnutzungsdauer. Wie ist es mit zukünftigen Sanierungskosten? Für das Klingeltableau vielleicht nicht, aber für die Hebeanlage schon, oder? Vielleicht könnte man ja einen Sachverständigen bei der Bewertung um Hilfe bitten. Aber für Dach, Heizung und Tiefgaragentor brauchen Sie andere Fachleute. Und die kommen nicht umsonst. Am Ende der ganzen zeit- und kostenintensiven Besichtigungen sind Sie nicht unbedingt schlauer als vorher. Wenn Sie Lebensdauer und Folgekosten jedes Bauteils einzeln (und inflationsbereinigt!) hochrechnen, würde das eine unvorstellbare Komplexität mit sich bringen, der man als Verwalter kaum gewachsen wäre. Selbst einen teuren, externen Sachverständigen würden Sie wochenlang beschäftigen.

Davon abgesehen hilft es nicht, den Austausch des Heizkessels in 4,3 Jahren vorauszusagen (Zu welchem Preis? Wie ist der aktuelle Stand der „Habeck-Gesetze" im Juni 2028? Oder im September 2029?). Entweder geht Ihre Heizung kaputt oder hält noch einige Jahre. Vielleicht muss in acht Jahren mal der Brenner ausgetauscht werden, oder doch nur das Gebläse? Was kostet die Platine der Heizungssteuerung in sechs Jahren? Und wenn man die Lebensdauer Ihres Balkons mit 21,7 Jahren prognostizieren würde, wie sind dann die Folgekosten? Komplette Sanierung? Kann man die Fliesen dann noch nachbestellen oder muss man sie auch mit tauschen? Gibt es im Jahr 2033 noch den Fachkräftemangel und wie haben sich die Baukosten bis dahin entwickelt? Werden sich in den nächsten zehn Jahren Holz- und Zementpreise ähnlich entwickeln wie bisher? Sie sehen schon – hier kann man sich schnell verrücktrechnen. In vielen zahlenverliebten Lehrbüchern steht, dass man nur genug Daten erheben muss, um treffende Prognosen abzugeben. Aber Durchschnitte und statistische Vergangenheitsdaten sind nun einmal mit Vorsicht zu genießen. Wer Lehrbücher schreibt, kümmert sich selten um die Instandhaltung von Gemeinschaftseigentum.

Kapitel 2: Jahresabrechnung

Wenn man darüber nachdenkt, ist es gerechtfertigt, sich dann eben doch an einfachen Formeln zu orientieren, sofern man ein bisschen differenziert vorgeht. Was also tun?

Zweck der Rücklage ist es, einen Puffer zu bieten, um die Eigentümer vor plötzlichen, größeren finanziellen Belastungen zu schützen. Anstatt sich einen Leistungswettbewerb im Hellsehen zu liefern, muss der Verwalter Sie als Wohnungseigentümer vor finanziellen Katastrophen bewahren.

Der Verwalter kann nämlich ganz schnell in den eigenen Unterlagen nachsehen, wie viel Geld in den letzten Jahren für Instandhaltungsmaßnahmen ausgegeben wurde, und daraus einen (z.b. gewichteten) Durchschnitt berechnen – oder diese Kosten mit einem bestimmten Prozentsatz hochrechnen. Er kann sich an Ihrem Gebäude orientieren – oder an vergleichbaren Gebäuden aus seinem Verwaltungsbestand. Gab es in der Vergangenheit größere Schwankungen? Dann sollte man niedrige Werte bei der Durchschnittsbildung rauslassen und hohe Ausgaben stärker mit einberechnen. Sie wollen ja vor größeren Sonderumlagen geschützt sein. Wenn man die Werte hat, könnte man sie z.b. mit denen aus der II.BV vergleichen – oder mit anderen Formeln. Weil Sie ja vorsichtig rechnen wollen, verwenden Sie den höheren Wert von beidem, um eine angemessene Beitragspflicht zu berechnen.

Das Ansparen einer Rücklage soll größere Sprünge im Laufe der Zeit ausgleichen. Deswegen spielt nicht nur die jährliche Beitragspflicht eine Rolle – wichtig sind auch die bereits angesparten Mittel. Wenn die jährliche Beitragspflicht niedrig und die Kasse fast leer ist, sollte die WEG schnellstens deutlich höhere Sparraten beschließen. Wenn die Kasse aber schon sehr voll ist, obwohl in den letzten Jahren kaum Instandhaltungen aufgetreten sind, kann man die Beitragspflicht reduzieren – oder zumindest nicht weiter erhöhen, um die Eigentümer zu entlasten.

Selber schuld? Die Sonderumlage

Der Albtraum eines jeden Wohnungseigentümers: Eine Sonderzahlung, genannt „Sonderumlage", die meistens vom Verwalter erhoben werden muss, wenn das Geld der WEG nicht ausreicht, um eine größere Baumaßnahme zu bezahlen, z.b. die Sanierung von Balkonen, eine neue Heizung oder die Wärmedämmung des Gebäudes. Erfahrungsgemäß ist eine Sonderumlage fast immer vermeidbar, wenn vernünftig gehaushaltet und bei absehbaren Schäden nicht weggesehen wurde.

Aber von vorn: Der Hausverwalter stellt (hoffentlich) am Anfang des Jahres einen Wirtschaftsplan auf. Also eine Prognose der voraussichtlichen Ausgaben, aus denen sich Ihr monatliches Hausgeld berechnet.

Es kann sein, dass der Verwalter die Kostenprognose zu niedrig angesetzt hat, aus welchen Gründen auch immer. Die Vorauszahlungen von Ihnen und Ihren Miteigentümern reichen dann nicht aus, um den tatsächlichen Finanzbedarf zu decken. Auf dem WEG-Konto ist zu wenig Geld, um alle nötigen Ausgaben zu decken, angefangen bei den Frischwassergebühren über die Hausmeisterkosten bis hin zu beschlossenen Instandhaltungsmaßnahmen. Es ist zu wenig Geld da und der Verwalter kann fällige Rechnungen nicht bezahlen oder beschlossene Handwerkerangebote nicht beauftragen. Ihm bleibt nichts anderes übrig, als die Eigentümer kurzfristig um eine Sonderzahlung zu bitten. Man nennt sie Sonderumlage und „bitten" ist vielleicht das falsche Wort – sie muss formgerecht auf einer Eigentümerversammlung oder per Umlaufbeschluss beschlossen werden. Der Verwalter ist aber nicht Ihr Bittsteller. Er hat die Aufgabe, im Namen aller Wohnungseigentümer die Rechnungen zu bezahlen, um z.B. Mahngebühren oder Schlimmeres zu vermeiden.

Warum kann es überhaupt so weit kommen? Hintergrund von Sonderumlagen sind Liquiditätsschwierigkeiten, entweder durch Zahlungsausfall einzelner Eigentümer – oder durch akute und „unvorhersehbare" Instandhaltungsmaßnahmen – und praktisch nur, wenn gleichzeitig die Rücklage leer ist.

Der Zahlungsausfall einzelner Eigentümer ist meiner Erfahrung nach ein untergeordnetes Problem. Erstens, weil nur ein kleiner Anteil der

Kapitel 2: Jahresabrechnung 71

Hausgelder nicht erbracht wird. Es kommt natürlich auf die Größe der WEG an. Zweitens hat die WEG einen Anspruch auf die Wohnung des säumigen Zahlers als „Kredit"-Sicherheit und könnte sie versteigern lassen, wenn der Zahlungsausfall länger andauert. Natürlich löst das das Problem nicht über Nacht.

Viel häufiger kommt es aber vor, dass eine bestimmte Reparaturmaßnahme nicht mehr länger aufgeschoben werden kann und hierfür das Geld fehlt. Das ist das eigentliche Problem: Manche Eigentümergemeinschaften sind zu sehr mit sich selbst beschäftigt. Eine langfristige Instandhaltungsplanung gibt es in vielen WEGs gar nicht. Manche Eigentümer lehnen diese Planung aus Sparsamkeit oder Geldnot ab, man müsste schließlich einen Architekten oder Bauplaner beauftragen, sich intensiv mit allen Gewerken des Gebäudes auseinanderzusetzen. Anderen Eigentümern ist gar nicht klar, welche Folgekosten durch Instandhaltungen im Laufe der Lebensdauer eines Gebäudes auf sie zukommen. Oft fehlt es der Hausverwaltung auch einfach an zeitlicher Kapazität, sich mit dem Thema auseinanderzusetzen.

Aber eine detaillierte Instandhaltungsplanung muss auch gar nicht zwangsläufig gemacht werden. Viele Gewerke wie Aufzug, Dach oder Heizung haben eine wirklich lange Lebensdauer. Und wenn eine Instandhaltung ansteht, erkennt man das meist schon viele Jahre vorher – wenn man nicht wegschaut und das Thema ignoriert. Sobald die Heizung immer öfters Störungen verursacht oder der Aufzug ständig ausfällt, sollte man anfangen zu sparen.

Es kann auch vorkommen, dass Eigentümergemeinschaften, die überwiegend aus Kapitalanlegern bestehen, jahrelang an der Rücklage sparen – und damit an der falschen Stelle. Die kurzsichtige Idee, die „Rendite zu optimieren", indem man „im Moment" eine niedrigere Rücklage in Kauf nimmt, geht nicht auf. Spätestens, wenn eine Wohnung verkauft werden soll, kommt das böse Erwachen. Viele Käufer merken schnell, in welchem Zustand das Haus ist. Wenn dann noch gleichzeitig keine Rücklage vorhanden ist, war es das mit dem hohen Verkaufspreis.

Zumindest wird oftmals die Erhöhung der Rücklage auf die nächste Eigentümerversammlung „vertagt", die selbstverständlich im nächsten Jahr liegt. Kurzsichtige Eigentümergemeinschaften flicken lieber nur die offensichtlichen Symptome am Gebäude oder führen nur akut notwendige Reparaturen aus. Sie übersehen dabei, dass die Bausubstanz immer schlechter wird, wenn man sie nicht regelmäßig instand hält. Dabei sind regelmäßige Instandhaltungen die Grundlage für langfristige Wertsteigerungen.

Diese Art vermeintlicher Liquiditätsschonung bringt Ihnen langfristig nichts als erhebliche Wertminderungen und Substanzschäden. Es kommt, wie es kommen muss: Anstelle von „Renditeoptimierung" kommt es zur finanziellen Katastrophe. Ein heruntergekommenes und schlecht gepflegtes Gebäude verschlechtert Ihre Verhandlungsposition gegenüber Kaufinteressenten oder potentiellen Mietern. Die finanziellen Konsequenzen zeigen sich spätestens, wenn Sie mal nicht mehr selbst in der Wohnung wohnen möchten.

Der Gesetzgeber stellt in §19 WoEigG klar, dass die WEG eine „angemessene Erhaltungsrücklage" ansammeln soll. Wie viel Geld jährlich ins Sparschwein gehen soll, ist gesetzlich aber nicht geregelt. Der Instandhaltungsbedarf hängt einfach zu stark von gebäudeindividuellen Faktoren ab. Wie eingangs erwähnt, sind diese oft sehr schwer zu ermitteln. Deswegen unterbleibt eine Instandhaltungsplanung oftmals ganz. Größere Maßnahmen werden daher häufig – zwangsläufig – als Ad-hoc-Aktionen vorgenommen, wenn es schon fast zu spät ist. Erst jetzt gibt es auf der Eigentümerversammlung die erforderliche Mehrheit. Das Zusammenspiel aus fehlender Planung, einer knappen Rücklage und „unerwartet" auftretendem Instandhaltungsbedarf kann zu finanziellen Engpässen führen. Dann wird oft eine Sonderumlage fällig, die in vielen Fällen hätte vermieden werden können.

Kapitel 2: Jahresabrechnung

WEG-Abrechnung bei Eigentümerwechsel

Wenn Sie Ihre Eigentumswohnung nicht gerade zum 31.12. eines Jahres gekauft haben sollten, möchten Sie wahrscheinlich wissen, wie die Abrechnung zwischen Ihnen und dem ehemaligen Eigentümer aufgeteilt wird. Rechtlich ist das klar geregelt: Die WEG-Abrechnung ist eine „objektbezogene Jahresabrechnung".

Jahresabrechnung bedeutet, dass die WEG-Abrechnung nicht differenziert, von wann bis wann der ehemalige Eigentümer im Grundbuch stand. Wenn Guthaben und Nachzahlungen der Jahresabrechnung auf der Eigentümerversammlung beschlossen wurden, sind diese fällig und vom aktuellen Eigentümer zu tragen (bzw. an ihn zu erstatten). Das gilt auch für die laufenden Kosten: Sobald Sie im Grundbuch eingetragen sind, müssen Sie das monatliche Hausgeld tragen.

Objektbezogen bedeutet, dass die Wohnung, wie sie in der Teilungserklärung steht, Gegenstand der Abrechnung bzw. der laufenden Kosten ist – und nicht der Eigentümer mit einem bestimmten Zeitraum.

Diese Regelung stößt verständlicherweise oft auf Verwunderung, aber im WEG-Recht geht es nur um die Sicht der WEG. Aus dieser ist allein der Eigentümer relevant, der zum Zeitpunkt des Beschlusses über die Jahresabrechnung im Grundbuch eingetragen ist. Ein Beschluss einer Eigentümerversammlung kann nur gegenüber den Personen „Bindungswirkung entfalten", die gerade im Grundbuch eingetragen sind. Nur diese bekommen das Guthaben oder können von der WEG zu Nachzahlungen verpflichtet werden. Dies gilt sogar, wenn der Verkäufer noch das ganze letzte Jahr in der Wohnung gewohnt hat. Der Adressat der Abrechnung ist der Eigentümer, der zum Zeitpunkt der Eigentümerversammlung im Grundbuch steht.

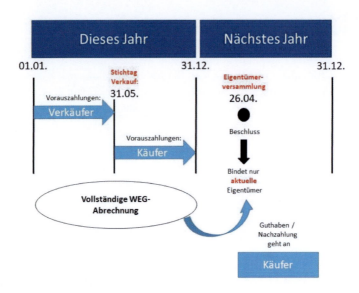

Wieso eigentlich Eigentümerversammlung? Nun, die Jahresabrechnung ist ja nur ein „Entwurf", bis sie auf der Eigentümerversammlung rechtsgültig beschlossen wird. Und ein WEG-Beschluss kann nur Wohnungseigentümer binden. Wenn jemand z.B. seine Wohnung im Januar 2024 verkauft und die Eigentümerversammlung im März 2024 stattfindet, dann bekommt der neue Eigentümer das Guthaben aus der Jahresabrechnung 2023 (oder muss nachzahlen), obwohl er im Abrechnungszeitraum noch gar nicht dabei gewesen ist.

Kapitel 2: Jahresabrechnung 75

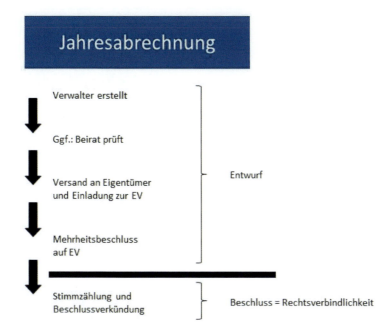

Was für Sie wichtig ist: Käufer und Verkäufer müssen natürlich intern miteinander verrechnen. Das steht auch in fast jedem Notarvertrag. Aber es ist nicht Aufgabe der WEG-Abrechnung, die Kosten zwischen Ihnen aufzuteilen. Würde schon auf WEG-Ebene eine Zwischenabrechnung erstellt und der Eigentümerversammlung zum Beschluss vorgelegt, wäre der Beschluss nicht rechtswirksam. Sie sehen schon – das WEG-Recht ist sehr formalistisch.

Dies widerspricht der gewöhnlichen Vorstellung einer Stichtagsabrechnung, aber hier gibt es zwei Ebenen. Einmal die WEG gegenüber allen Eigentümern, wo es keine Zwischenabrechnung gibt und alles gegenüber „dem neuen" verrechnet wird. Und dann gibt es neuen und alten Wohnungseigentümer, die diese Summe dann natürlich untereinander aufteilen müssen. Am Ende kommt der Verkäufer für die Kosten vor dem Stichtag auf und der Käufer für die Zeit danach.

Die beschriebene Regelung betrifft also nur die Eigentümerversammlung und das WEG-Konto, von dem aus mit den aktuellen Eigentümern abgerechnet wird. Der WEG-Verwalter muss aber gut aufpassen, damit er nicht für einen rechtswidrigen Beschluss verantwortlich ist, wenn er eine Zwischenabrechnung erstellt und beschließen lässt. Für ihn kann das teuer werden.

Eine offizielle WEG-Zwischenabrechnung gibt es nicht. Ein guter Verwalter wird Ihnen helfen, eine interne Zwischenabrechnung zu erstellen, ansonsten kann man das auch sehr schnell selbst mit Excel erledigen. Das geht ganz schnell mit einfachem Dreisatz.

Kapitel 3: Eigentümerversammlung

Was macht eigentlich die Eigentümerversammlung?

Die Eigentümerversammlung ist der Ort, an dem Meinungen ausgetauscht und Entscheidungen getroffen werden. Wichtige Entscheidungen, die eine gewisse Tragweite haben, dürfen nämlich nicht von Verwalter oder Beirat getroffen werden. Die zentrale Willensbildung findet auf der EV statt, daher haben Sie als Eigentümer ein Teilnahme-, Rede- und Stimmrecht, das Ihnen niemand nehmen kann, weil die EV das wichtigste „Organ" der WEG ist.

Mindestens einmal im Jahr muss der Verwalter zu einer Eigentümerversammlung einladen. Das bedeutet aber nicht, dass der Verwalter *nur oder höchstens* einmal im Jahr eine Versammlung einberuft, um den Formalien zu genügen und alles andere mit dem Beirat alleine zu entscheiden. Im Gegenteil: Wichtige Entscheidungen dürfen nicht aus der EV ausgelagert werden. Laut § 27 WoEigG darf der Verwalter selbst nur Dinge entscheiden, die

1. untergeordnete Bedeutung haben und nicht zu erheblichen Verpflichtungen führen oder
2. zur Wahrung einer Frist oder zur Abwendung eines Nachteils erforderlich sind.

Der Beirat darf gar keine Entscheidungen treffen. Seine Aufgaben liegen laut § 29 WoEigG darin, den Verwalter bei der Durchführung seiner Aufgaben zu unterstützen und zu überwachen – sowie Jahresabrechnung und Wirtschaftsplan zu prüfen und mit einer Stellungnahme zu versehen. Alle anderen Angelegenheiten werden „durch Beschlussfassung in einer Versammlung der Wohnungseigentümer" entschieden, sagt § 23 WoEigG.

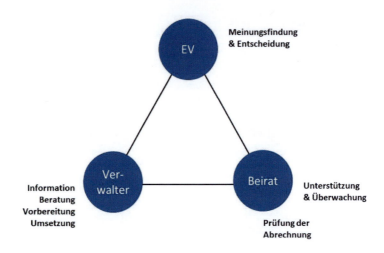

Die EV findet zwar in den meisten WEGs einmal im Jahr statt, und das ist auch in Ordnung. Aber immer, wenn etwas Wichtiges entschieden werden muss, ist eine Versammlung erforderlich. Auch, wenn dieses Jahr schon die übliche Versammlung stattgefunden hat, kann es beliebig viele weitere Versammlungen geben – sie müssen ja nicht lange dauern. Das Gesetz unterscheidet übrigens nicht zwischen ordentlichen und außerordentlichen EVs. Die Vorschriften zu Einladungsfrist, Stimmrecht und sonstigen Formalitäten sind immer die gleichen. Davon abgesehen kann die WEG eine Entscheidung auch ohne Versammlung mit dem „Unterschriftenzettel" fällen, dem sog. Umlaufbeschluss. Dazu später mehr.

Verbraucherschutz steht rechtlich bei WEGs ganz weit oben. Das verlangsamt vieles, aber es darf eben niemand überrumpelt werden. Deswegen müssen alle Themen, über die auf der EV eine Entscheidung getroffen werden soll, zwangsläufig in der Einladung stehen – mindestens als Stichpunkt. Damit Sie erkennen können, worüber entschieden werden soll, und welche Folgen es für Sie haben könnte, müssen die Themen trotzdem hinreichend genau bezeichnet werden. Bei komplexeren Themen reichen lieblose Überschriften jedenfalls nicht aus. Je größer die Tragweite, desto höher liegen die Anforderungen an die Informationen und Auskünfte, die der Verwalter Ihnen in der Einladung zur Verfügung stellen muss. Wie gesagt: Dem Gesetzgeber ist es sehr wichtig, dass Sie nicht überrumpelt werden, sondern sich auf die Sachverhalte vorbereiten, Fragen stellen und sich über bestimmte Dinge informieren können. Daher beträgt auch die gesetzliche Einladungsfrist drei Wochen. In dringenden Fällen darf man sie abkürzen, abhängig von der Situation sogar deutlich. Das ist sinnvoll, wenn z.B. Ihre Heizung einen Totalschaden hat oder es durchs Dach regnet. Aber Vorsicht: Wenn willkürlich die Fristen abgekürzt werden, oder wenn der Eindruck entsteht, dass Eigentümer überrumpelt werden sollen, können Beschlüsse später angreifbar sein.

Die Einladung zur EV schreibt im Normalfall der Verwalter. Und wenn es keinen gibt, oder er sich weigert, darf auch der Beirat einladen. Er darf aber nicht vergessen, dass die Einladung an wirklich alle Eigentümer versendet werden muss – zumindest an die letzte bekannte Adresse. Würde man jemanden übergehen, wären die Beschlüsse auf der Eigentümerversammlung wahrscheinlich nicht gültig oder zumindest rechtlich angreifbar.

Auf der Eigentümerversammlung wird dann über fertig formulierte Beschlussanträge abgestimmt, die ja auch irgendwo herkommen müssen. Obwohl es nicht vorgeschrieben ist, wäre es sinnvoll, dass der Verwalter zumindest bei komplexen Themen einen groben Beschlussvorschlag oder zumindest alle Rahmenbedingungen in die Einladung schreibt, damit Sie sich optimal vorbereiten können. Die finalen Beschlussvorschläge entstehen meist bei der Diskussion auf der Eigentümerversammlung.

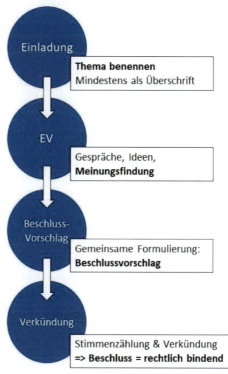

In den meisten Versammlungen wird nicht stumpf über die vorgegebenen Beschlussvorschläge abgestimmt. Meistens findet ein reger Informations- und Meinungsaustausch statt. Ausführliche Gespräche über die Wohnanlage, über unterschiedliche Ideen und Vorstellungen sind für alle Beteiligten wertvoll, denn manche Eigentümer sehen sich nur einmal im Jahr auf der EV.

Ein vorformulierter Beschlussantrag kann sich im Laufe der EV daher noch ändern, und das ist auch gut. Ein Beschluss ist aber eine rechtsverbindliche Regelung, die alle Eigentümer von jetzt an bindet – auch zukünftige und auch diejenigen, die mit „nein" gestimmt haben. Deswegen muss der Beschlusstext klar und eindeutig sein – und darf zudem nicht zu stark von der Einladung abweichen. Manche Eigentümer kommen ja gar nicht selbst zur Versammlung, sondern lassen sich per Vollmacht vertreten. Sie können also nicht an der Diskussion teilnehmen. Der finale Beschlussvorschlag, der erst während der Debatte entsteht und zur Abstimmung gestellt wird, darf also nicht zu weit davon entfernt sein, was in der Einladung angedeutet wurde. Wenn auf der Tagesordnung z.B. „Anstrich Treppenhaus" stand, dürfen Sie nicht spontan entscheiden, auch die Fassade streichen zu lassen.

Der Text, über den später verbindlich abgestimmt wird, muss eindeutig und klar zu interpretieren sein. Juristen sprechen von „inhaltlicher Bestimmtheit" eines Beschlusses: Die Formulierung darf keinen Ermessensspielraum hergeben, damit der Verwalter das Beschlossene später ohne größere Missverständnisse umsetzen kann. Es muss sich also eine eindeutige, konkrete Handlung ableiten lassen, die mindestens in die Form „wenn – dann – sonst" passt, damit Sie genau wissen, welche Rechtsfolgen auf Sie zukommen. Alle Eigentümer müssen in der Lage sein, mit einfachem „ja" oder „nein" (oder eben „Enthaltung") über das Thema zu entscheiden. Sie erinnern sich: Die Entscheidung mit allen wesentlichen Details (z.B. Handwerkerauswahl oder Kostenrahmen) wird auf der Eigentümerversammlung von allen Eigentümern gemeinsam entschieden – und nicht in späteren Einzelgesprächen mit dem Beirat. Sinnvoll sind daher Formulierungen wie: „Die Firma xy GmbH wird beauftragt, das Treppenhaus incl. der Außenseiten der Wohnungstüren zu streichen, es soll der Farbton RAL 9001 weiß verwendet werden. Es wird ein Kostenrahmen von 10.000 EUR festgelegt, die Finanzierung erfolgt zu Lasten der Rücklage." Bei so einem Beschluss weiß jeder, was passieren soll.

Zum Stimmrecht: Beschlüsse mit der Mehrheit der abgegebenen Stimmen entschieden. Wer nicht da ist oder sich enthält, wird nicht gezählt. Wir werden noch über besondere Sachverhalte sprechen, bei denen andere Mehrheitsverhältnisse gelten, aber seit der WEG-Reform im Jahr 2020 gilt für fast alle Themen die einfache Mehrheit. Rechtlich kommt der Beschluss zustande, indem der Verwalter die Stimmen auszählt und das Ergebnis „verkündet", also beispielsweise sagt: „Der Beschluss wurde einstimmig angenommen mit 8 Ja, 0 Nein und 0 Enthaltungen.". Auf die Protokollierung oder die Unterschrift des Beirats kommt es nicht an, sondern die Verkündung macht den Beschluss rechtswirksam.

Ihre abgegebene Stimme ist rechtlich verbindlich, das heißt, dass Sie sie nach Beschlussverkündung nicht mehr zurückziehen oder ändern können. Und wie viele Stimmrechte haben Sie? Das kommt auf Ihre Teilungserklärung an. Wenn dort nichts steht, gilt der gesetzliche Standard: Alle Eigentümer haben eine Stimme, das ist das sog. Kopfprinzip. Wenn Sie mehrere Wohnungen haben, besitzen Sie trotzdem nur eine Stimme. Das gilt auch, wenn Sie zusammen mit Ihrem Ehepartner, Geschwistern etc. im Grundbuch stehen. In der Teilungserklärung kann das Stimmrecht aber auch anders geregelt sein. Oft richtet sich das Stimmrecht nach Miteigentumsanteilen oder der Anzahl der Wohnungen.

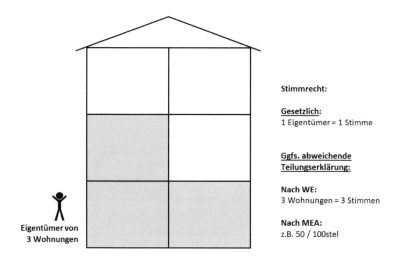

Was ist der Unterschied zwischen einer Besprechung und einem Beschluss?

Manche Eigentümer sehen sich nur einmal im Jahr, nämlich auf der Versammlung. Das gilt vor allem für Vermieter, die nicht selbst im Haus wohnen. Selbstverständlich gibt es viel Gesprächsbedarf, um Sichtweisen, Vorstellungen und Fragen untereinander auszutauschen. Logischerweise sprechen Sie dann meistens über weit mehr, als auf der Tagesordnung stand. Das ist auch gut so, damit Ihnen und Ihren Miteigentümern klar ist, wie das gegenseitige Meinungsbild zu bestimmten Themen aussieht. Solange aber nicht über einen Tagesordnungspunkt abgestimmt wird, hat diese kollektive Meinungsfindung nichts mit einer Beschlussfassung zu tun, sondern ist eine ganz normale Besprechung, die Sie theoretisch auch im Hausflur halten können.

Ein Beispiel: Vielleicht möchten Sie den Eingangsbereich umgestalten oder das Treppenhaus streichen lassen. Um die richtigen Angebote einzuholen, muss zuerst besprochen werden, was sich die Mehrheit wünscht, z.B. Farbton, Gestaltung, Layout usw. Diese Willensbildung ist sehr wichtig, damit der Verwalter weiß, welche Angebote er einholen soll und welche Wünsche er den Handwerkern mitteilen soll. Mit einer Beschlussfassung hat das aber noch nichts zu tun. Wenn die Angebote dann vorliegen, die Details und der Kostenrahmen klar sind, dann ist ein Beschluss nötig, damit es in die Umsetzung gehen kann.

Der Beschluss nämlich ist eine konkrete Anweisung an den Verwalter, eine klar bezeichnete Maßnahme mit einem bestimmten Kostenrahmen zu beauftragen. Und das ist der ganze Unterschied zwischen Beschlüssen und bloßen Anregungen, Ideen, Fragen oder Anmerkungen: Der Beschluss regelt eine ganz bestimmte Sache verbindlich, z.B. den Anstrich des Treppenhauses, die Aufstellung einer neuen Hausordnung oder die Beauftragung einer bestimmten Reparatur. Ein Beschluss ist für Sie und alle übrigen Eigentümer verbindlich – auch für Ihren Nachfolger, wenn Sie Ihre Wohnung eines Tages verkaufen. Aufgrund dieser Tragweite ist ein Beschluss nur gültig, wenn die Formulierungen und Anweisungen klar und verständlich zu deuten sind – auch für diejenigen, die nicht an der EV teilgenommen haben.

Kapitel 3: Eigentümerversammlung

Die Beschlüsse von morgen entstehen oft durch die unverbindlichen Gespräche auf der Eigentümerversammlung von heute. Wenn Sie auf der EV mit Ihren Nachbarn oder dem Verwalter ins Gespräch kommen, äußern Sie vielleicht Ihre Vorstellungen zu einem bestimmten Thema, hören die Sichtweise der Nachbarn und einigen sich sogar schon vorläufig auf Kompromisse oder Alternativen. Das alles ist ungeheuer wichtig, aber Sie dürfen nicht so weit gehen, dass ein spontan aufgekommenes Thema heute sofort beschlossen wird – sofern es nicht in der Einladung angekündigt wurde. Eine sofortige Entscheidung scheitert meistens an gesetzlichen Formvorschriften, weil jeder Beschlussgegenstand, über den eine Entscheidung getroffen werden soll, klar und eindeutig in der Einladung stehen muss. Diese wiederum muss Ihnen drei Wochen vor der Versammlung zugestellt werden. Hintergrund ist der Verbraucherschutz: Sie sollen auf der Eigentümerversammlung nicht spontan überrumpelt und zur Stimmabgabe genötigt werden, sonst wäre der Beschluss ungültig oder zumindest angreifbar.

Bei der Besprechung auf der Eigentümerversammlung – oftmals im letzten Tagesordnungspunkt „Sonstiges" stellen Sie also die Weichen für die Zukunft. Es ist eine Einordnung, damit auch der Verwalter weiß, was Sie sich wünschen und wo die Reise hingehen soll. Der letzte Punkt der Eigentümerversammlung darf gerne etwas länger dauern, denn eine ausgiebige Meinungsfindung ist sehr wichtig, aber sie hat nichts mit Beschlussfassung zu tun.

Verwalter, Beirat und Eigentümerversammlung

Wer hätte das gedacht? Das Modell Eigentümerversammlung hat sich anders entwickelt, als der Gesetzgeber sich das vorgestellt hat. Viele Eigentümer glauben, dass die Eigentümerversammlung grundsätzlich immer nur einmal jährlich stattfindet und eine stundenlange Sitzung ist. Viele Verwaltungen handhaben es ja auch so. Und weil es so langweilig ist, geht kaum jemand hin. Von der gesetzlichen Lage findet man in der Realität oft herzlich wenig: Entscheidungen laufen mehr oder weniger im Hintergrund, und wenn Sie Glück haben, stimmt der Verwalter sich wenigstens mit dem Beirat ab, bevor er Aufträge erteilt oder Verträge kündigt. Das ist zwar rechtswidrig, geht aber oft über Jahre gut, denn die wenigsten Eigentümer kennen die rechtliche Situation. Und wie würde man es richtig machen?

Aus juristischer Sicht hat die WEG drei Organe mit klaren Befugnissen und Grenzen:

1) Die Aufgabe der Eigentümerversammlung ist die Willensbildung, d.h. hier werden alle wesentlichen Entscheidungen getroffen – von den Eigentümern gemeinsam im Mehrheitsprinzip.

2) Die Aufgabe des WEG-Verwalters ist es, Entscheidungen vorzubereiten, über anstehende Themen zu informieren und getroffene Entscheidungen umzusetzen.

3) Der Verwaltungsbeirat hat die Aufgabe, den Verwalter bei der Umsetzung zu unterstützen.

Rechtlich ist klar geregelt, dass Entscheidungen – zumindest bei Dingen von größerer Tragweite – nur von den Eigentümern auf der Versammlung getroffen werden können – von niemandem sonst. In der Realität kommt es leider allzu oft vor, dass sich Verwalter und Beirat „auf dem kurzen Dienstweg" abstimmen und auch größere Angelegenheiten rechtswidrig über die Köpfe der Miteigentümer hinweg entscheiden. Der Beirat ist kein Entscheidungsorgan, der Verwalter auch nicht. Beide sind an Mehrheitsbeschlüsse der EV gebunden. Wenn ein bestimmtes Thema im Raum steht, ist der Verwalter dafür verantwortlich,

Kapitel 3: Eigentümerversammlung

zur Eigentümerversammlung einzuladen, damit Sie einen Beschluss fassen können. Unabhängig davon, ob in diesem Jahr schon eine Versammlung stattgefunden hat. Nach der rechtlichen Lage treffen Sie sich nämlich nicht einmal im Jahr, sondern bei jedem anstehenden Thema, das eine gewisse Bedeutung hat, um eine Entscheidung zu treffen. Es muss keine lange Veranstaltung werden – vielleicht hat sie nur einen Tagesordnungspunkt. Im Extremfall stimmen Sie ab und gehen nach ein paar Minuten wieder nach Hause.

Der jährliche Turnus ist hauptsächlich der Jahresabrechnung geschuldet. Wie Ihre Steuererklärung kommt sie jedes Jahr und muss beschlossen werden, damit sie gültig wird. Für die Beschlussfassung muss man sich einmal im Jahr treffen. Regelmäßig stehen auch die üblichen Themen auf der Agenda:

- Bericht der Verwaltung
- Beschlussfassung über die Jahresabrechnung
- Beschlussfassung über den Wirtschaftsplan
- Entlastung der Verwaltung
- Entlastung des Beirats

Aber auch alle anderen größeren Entscheidungen darf nur die Eigentümerversammlung treffen. Klar ist aber auch, dass der Verwalter in Notfällen auch ohne EV sofort handeln muss. Das gilt laut § 27 WoEigG seit 2020 übrigens auch bei Themen von „untergeordneter Bedeutung", um die EV vor zu vielen Kleinigkeiten zu entlasten. Wenn also ein Notfall ohne Ermessensspielraum vorliegt, muss der Verwalter sofort, auch ohne EV, handeln. Ist es kein Notfall, kommt es auf die Dringlichkeit an, ob der Verwalter mit dem Thema warten kann – oder schnellstens eine EV einberufen muss:

Nicht dringende Themen sammelt der Verwalter wahrscheinlich im Laufe des Jahres und schreibt sie auf seine Themenliste für die nächste EV. Denn was nicht dringend ist, kann vielleicht bis nächstes Jahr warten. Leider kommt es in der Realität oft vor, dass diese gesammelten Themen nicht gut vorbereitet werden, sondern einsilbig auf einer langen und unübersichtlichen Liste stehen. Oft lassen undurchsichtige Überschriften wie „Balkonsanierung" ohne weitere Informationen in der Einladung nur erahnen, worum es geht. Das darf nicht sein, denn der Verwalter hat eine Informationspflicht Ihnen gegenüber – nicht nur gegenüber dem Beirat. Bei allen Dingen mit einer gewissen Tragweite (z.b. wenn hohe Kosten absehbar sind, oder ins Bauwerk eingegriffen wird, wie eben bei einer Balkonsanierung) muss der Verwalter Sie informieren. Sie müssen rechtzeitig vor der Versammlung die Möglichkeit haben, sich mit dem Thema auseinanderzusetzen oder Rückfragen zu stellen. Es gehört zu seinen Kernaufgaben, alle Informationen so aufzubereiten, dass die Eigentümer eine vernünftige Entscheidungsgrundlage haben.

Bei dringenden Themen stellt man allzu oft fest, dass diese während des Jahres bereits irgendwie erledigt wurden und nicht mehr auf der Agenda stehen. Das ist zwar grundsätzlich in Ihrem Sinne, aber ganz so leicht sollte der Verwalter es sich nicht machen. Hier sollte man differenzieren: Auch bei dringenden Angelegenheiten muss der Verwalter grundsätzlich kurzfristig eine Eigentümerversammlung einberufen, damit Sie mehrheitlich entscheiden können. Auch für eilige Themen gilt grundsätzlich die gesetzliche Regelung, dass nur die EV entscheiden darf – und nicht der Verwalter in Absprache mit dem Beirat.

Wie gesagt: Es ist wichtig, die Sachlage differenziert zu betrachten: Ist Gefahr im Verzug, muss der Verwalter schnellstens handeln. Auch das ist gesetzlich vorgeschrieben, ebenso wie die Pflicht, dass die EV sich mit jedem größeren Thema zu befassen hat. Problematisch sind **Grenzfälle** mit sehr geringem Entscheidungsspielraum. Eigentlich muss überall, wo es einen Entscheidungsspielraum gibt, aus rechtlicher Sicht eine Eigentümerversammlung stattfinden.

Nehmen wir zwei Beispiele. Erstens: Der Aufzug ist komplett ausgefallen. Ein Ersatzteil muss bestellt werden und kostet 4.000 EUR. Vor allem die neueren Aufzugsmodelle sind, was Ersatzteile und Wartungsfirmen angeht, oft sehr eng an den Hersteller gebunden. Mehrere Angebote einzuholen ist nahezu unmöglich. Wenn jetzt noch ein Rollstuhlfahrer im 3. OG wohnt, muss es richtig schnell gehen. Aus rechtlicher Sicht müsste eine EV einberufen werden, man kann die Einladungsfrist ja abkürzen. Aber weil die Entscheidung mehr oder weniger klar ist, könnte der Verwalter hier vielleicht auch entscheiden, ohne EV das teure Ersatzteil zu bestellen. Er sollte aber schnell und transparent alle Eigentümer über den Vorgang informieren. Je transparenter die Kommunikation, desto geringer sein Risiko. Das gilt natürlich nur,

Kapitel 3: Eigentümerversammlung 89

wenn zwischen WEG und Verwalter ein langjähriges, beidseitiges Vertrauensverhältnis herrscht, denn solche Grenzfälle können für den Verwalter trotzdem brenzlig werden. Schlimmstenfalls zahlt er alles selbst. Wenn es in Ihrer WEG schon Anfechtungsklagen gegeben hat oder dem Verwalter die Entlastung verweigert wurde, sollten Sie sich auf diese Kulanz nicht verlassen.

Aber nicht über jedes dringende Thema sollte der Verwalter kurzerhand selbst entscheiden. Bei einem Ersatzteil für den Aufzug für 4.000 EUR ist das Risiko mehr oder weniger kalkulierbar. Beispiel zwei: Was aber, wenn in einem großen Mehrfamilienhaus z.b. die Druckerhöhungsanlage für Trinkwasser ausfällt und für 40.000 EUR erneuert werden muss? Dieses Risiko würde ich als Verwalter auch beim besten Vertrauensverhältnis nicht eingehen. Der Verwalter sollte sich beeilen, schnellstens zwei Angebote einholen und kurzfristig zu einer Eigentümerversammlung einladen. Am besten sollte er Sie von Anfang an mit einbeziehen und direkt einen Termin für die EV nennen, während er gerade anfängt, die ersten Angebote anzufragen. So werden alle Eigentümer sofort informiert – Termin und grober Themenrahmen werden frühzeitig bekanntgegeben, aber die Preiskategorien beider Angebote werden etwas später nachgereicht, wenn sie vorliegen.

Rechtswidriger Beschluss

Teil 1: Das kann teuer werden!

„Wir reden auf der Eigentümerversammlung mal darüber und dann sehen wir weiter". Zu Ende planen kann man ja auch später – das ist ein weit verbreiteter Mythos. Zum Beispiel eine Balkonsanierung, also eine größere und komplexe Maßnahme, die man nicht mit ein paar Sätzen vollständig erklären kann. In der Realität wird auf der Eigentümerversammlung oftmals nur eine Art „Überschrift" beschlossen: „Sanierung der Balkone", also ein ganz grober Rahmen ohne richtige Aussagekraft. Kein Hinweis auf Kosten oder Finanzierung. Als Grundsatz ist es natürlich sinnvoll, ein Projekt mit einer Besprechung auf der EV zu beginnen, um miteinander zu reden und das Meinungsbild der Mehrheit zu erfahren.

Weitere Details kann man durchaus im Nachgang klären, sie müssen dann aber verbindlich von einer weiteren Eigentümerversammlung bestätigt werden. Dieser zweite Beschluss unterbleibt oftmals, was zu erheblichen rechtlichen Konsequenzen für die beteiligten Verwalter und Beiräte führen kann. Denn es wird übersehen, dass die Eigentümerversammlung (und nicht der Beirat) eindeutig über *alle* Details entscheiden muss. Eine Angelegenheit auf mehrere Versammlungen bzw. Beschlüsse aufzuteilen, ist vielleicht nicht unbedingt im Sinne des Gesetzgebers, aber kann in vielen Fällen ein guter Kompromiss sein. Viele Informationen können und müssen zu Beginn der Planungsphase noch gar nicht vorliegen – sie müssen erst eingeholt werden. Für einen gültigen Beschluss muss die Sache an sich aber klar definiert werden – und alle wesentlichen Details erkennbar sein. Bei einem Anstrich des Treppenhauses gehört dazu z.B. der Farbton – und bei einer Balkonsanierung der zu verwendende Fußbodenbelag. Aber auch der Kostenrahmen, die zur Verfügung stehenden Handwerker, das geplante Zeitfenster und die vorgeschlagene Art der Finanzierung, z.B. aus der Rücklage oder per Sonderzahlung. All das muss klar definiert und von der Versammlung abgesegnet werden. Vorher darf kein Auftrag erteilt werden.

Ob ein Beschluss gültig ist, können Sie wie folgt prüfen: Würde der Verwalter morgen abspringen, könnte jemand, der nicht auf der Versammlung dabei war, den Beschluss aus dem Protokoll deuten und ohne Rückfragen umsetzen? Wenn Sie diese Frage mit „ja" beantworten können, ist der Beschluss höchstwahrscheinlich gültig und rechtssicher. Am Beispiel „Sanierung der Balkone":

- „Die Balkone" – über welche Balkone reden wir, alle Balkone? Nur die Straßenseite, nur die Rückseite, oder die Balkone im DG? Der Beschlussgegenstand muss genau definiert sein.
- Was genau soll „Sanierung" eigentlich heißen? Sollen aus optischen Gründen neue Fliesen gelegt werden? Oder die Brüstungen der Balkone angestrichen werden? Oder geht es um die Sanierung der Abdichtungsschicht, weil sich an den Unterseiten der Balkone Feuchtigkeitsspuren zeigen? Geht es um die fachgerechte Herstellung eines vernünftigen Gefälles? Auch das gehört zur Beschreibung des Vorhabens, über das alle Eigentümer informiert werden müssen und schließlich abstimmen.
- Gibt es ein Leistungsverzeichnis und einen Zeitplan, in dem die auszuführenden Arbeiten zumindest grob definiert sind?
- Wie hoch sind die Kosten und wer bezahlt sie? Wie werden die Kosten auf die Eigentümer verteilt? Gibt es eine Sonderumlage oder geht alles zu Lasten der Rücklage?
- Welche Handwerker stehen zur Auswahl? Welche Rechtsformen haben sie?
- Gibt es weitere wesentliche Details, die vor Auftragsvergabe geklärt werden müssen? Zum Beispiel der neue Balkonbelag nach erfolgter Sanierung (z.B. Fliesenfarbe).

Solche Fragen können im Einzelfall ganz unterschiedlich sein. Alles Wesentliche muss jedenfalls vor Auftragserteilung geklärt werden. Unzulässig wäre jedenfalls, dass nur die ungenaue Grundsatzentscheidung auf der EV getroffen und alles weitere „später" geklärt wird. Leider passiert genau das in der Realität häufig, daher müssen sich so viele Gerichte mit WEG-Sachen beschäftigen. Die Vorgehensweise, die in folgender Grafik abgebildet ist, ist nicht erlaubt.

Kapitel 3: Eigentümerversammlung

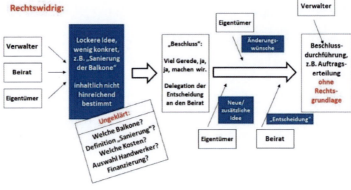

Die Juristen sprechen von „fehlender inhaltlicher Bestimmtheit", wenn der vermeintliche „Beschluss" sehr ungenau ist und viele Fragen offenlässt. Erst recht darf die Entscheidung nicht an den Beirat delegiert werden, obwohl das bei Kleinigkeiten sinnvoll ist und viel Aufwand erspart. Weil so vieles unklar bleibt, sollen Dinge, die eigentlich für die Versammlung wichtig gewesen wären, plötzlich *im Nachgang* geklärt werden. Verständlicherweise möchten bestimmte Eigentümer bzw. der Beirat im Nachgang der Versammlung solche Details zumindest „auf dem kurzen Dienstweg" klären. Dabei kommen vielleicht neue bzw. zusätzliche Ideen zum Vorschein, die ihnen vorher nicht eingefallen sind, aber jetzt noch reingemogelt werden sollen. Es kommt zu unzähligen Einzelgesprächen, die rechtlich nicht bindend sind, aber große Unruhe stiften. Das Problem: Nicht alle sind an den Einzelgesprächen beteiligt oder bekommen sie überhaupt mit. Außerhalb der Eigentümerversammlung können Sie mit Ihren Nachbarn gar keinen gemeinsamen Konsens mehr finden. Daher gehören Änderungswünsche, zusätzliche Ideen und erst recht die finale Entscheidung in die Eigentümerversammlung.

Ohne Beschluss fehlt dem Verwalter die Rechtsgrundlage für einen Auftrag. Wenn der Beschluss ungenau ist und viel Interpretationsspielraum hergibt, begibt sich der Verwalter auf dünnes Eis. Die Eigentümer bezahlen es und müssen daher auch die Entscheidung treffen. Das

Wohnungseigentumsgesetz kennt keine kurzen Dienstwege. Solange nichts passiert, wird niemand sich beschweren. Gefährlich wird es, wenn die Eigentümer die Kosten und Konsequenzen einer Maßnahme während der Versammlung nicht absehen können, aber später davon überrascht werden. Was passiert, wenn sie ihre Entscheidung dann revidieren möchten? Oder wenn jemand mit der Arbeit auf der Baustelle nicht zufrieden ist? Wenn die getroffenen Regelungen angreifbar sind, kann es schnell zu rechtlichen Schritten gegen Verwalter oder Beirat kommen. Zum Beispiel kann eine fachmännische Balkonsanierung nach den Regeln der Technik schnell mehr als 8.000 EUR pro Balkon kosten. Mit der Überschrift „Sanierung der Balkone" – ohne weitere Informationen – wird das nicht jedem sofort klar. Wenn jemand im Nachgang von dieser Kostendimension erfährt, ist es gut nachvollziehbar, dass er seine Stimme vielleicht zurückziehen möchte. Spätestens, wenn ein Richter so einen unfertigen Beschluss sieht, hört der Spaß auf. Und wenn schon Handwerker beauftragt wurden, die auf der Bezahlung der beauftragten Leistung bestehen? Für diese Kosten muss dann jemand geradestehen. Das muss nicht sein und kann leicht vermieden werden.

Teil 2: Heute lassen wir mal den Beirat zahlen

Das Wohnungseigentumsrecht hat eine klare Vorstellung: Alle größeren Entscheidungen trifft die Eigentümerversammlung. Dazu gehören alle wichtigen Details wie Kostenrahmen, Auswahl der Handwerker, Farben oder Sanierungsverfahren. Diese dürfen nicht einfach auf Verwalter oder Beirat delegiert werden. Die Aufgabenverteilung ist klar geregelt:

- Der Verwalter muss Entscheidungen vorbereiten – und die WEG über vieles informieren. Der Beirat soll den Verwalter bei dieser Vorbereitung unterstützen – aber ebenso wenig mitentscheiden wie der Verwalter selbst (von Notfällen und untergeordneten Themen mal abgesehen).
- Die Eigentümer finden alle Informationen in der Einladung zur EV und treffen Entscheidungen auf der Versammlung nach dem Mehrheitsprinzip.
- Dann ist wieder der Verwalter an der Reihe, denn er ist verpflichtet, Entscheidungen der EV umzusetzen. Der Beirat soll ihn bei der Umsetzung unterstützen, so steht es im Gesetz.

Bei falscher Organisation kann es jedoch vorkommen, dass auf der Eigentümerversammlung nur der grobe Rahmen beschlossen wird und im Nachgang etliche Eigentümer die unterschiedlichsten Details in Einzelgesprächen mit dem Verwalter vorschlagen oder klären möchten. Das Problem daran ist, dass nun keine Gespräche *aller Eigentümer* mehr untereinander stattfinden. Es gibt also von der Eigentümerversammlung entkoppelte Einzelgespräche, statt einer großen Runde mit anschließendem Konsens. Am Ende einer so unstrukturierten Diskussion trifft oftmals der Beirat die „Entscheidung", die im rechtlichen Sinne keine ist. Wenn der Verwalter nicht spätestens jetzt schaltet, erteilt er einen Auftrag, dem jegliche Rechtsgrundlage fehlt.

Vielen Leuten ist das nicht klar: Wenn nicht gerade ein Notfall oder eine untergeordnete Angelegenheit vorliegt, ist der Verwalter bei der Auftragserteilung an die Beschlüsse der WEG gebunden. Wenn es keine Beschlüsse zum Thema gibt, darf er auch keinen Auftrag erteilen. Schlimmstenfalls könnte jemand verlangen, dass der ursprüngliche Zustand wiederhergestellt wird, da Bauarbeiten ohne Genehmigung der WEG durchgeführt wurden.

Kapitel 3: Eigentümerversammlung 95

Stellen Sie sich vor, Verwalter oder Beirat haben einen Handwerker ausgewählt, der vor Abschluss der Bauarbeiten Insolvenz anmeldet. Vielleicht wurde sogar bereits eine Anzahlung überwiesen. Wenn die Eigentümerversammlung die Entscheidung getroffen hätte, hätte die WEG das Geld abschreiben können. Wenn aber Verwalter oder Beirat über die Köpfe der anderen Eigentümer hinweg eine Entscheidung getroffen haben, haben sie damit auch den Schaden an sich gerissen. Die WEG könnte berechtigte Ansprüche geltend machen, denn sie war in den Entscheidungsprozess nicht involviert. Wenn das Geld weg ist, zahlt es schlimmstenfalls derjenige, der entschieden hat.

Wenn der Beirat dem Verwalter die Anweisung erteilt hat, einen bestimmten Handwerker zu beauftragen, ist das eine sehr unangenehme Situation. Während der Verwalter nach § 27 WoEigG immerhin bei Themen von untergeordneter Bedeutung und in Notfällen Entscheidungen treffen darf, sind dem Beirat Entscheidungen per Gesetz nicht erlaubt. Wenn er sich darüber hinwegsetzt, und es dann zu einer solchen Situation kommt, muss er auch dafür geradestehen. Im schlimmsten Fall zahlt der Beirat die Wiederherstellung aus eigener Tasche, denn die Beirats-Haftpflichtversicherung ist auf dessen gesetzliche Befugnisse beschränkt: Anweisungen oder Aufträge zu erteilen, gehört nicht zu seinem Job. Von Fahrlässigkeit kann also keine Rede sein. Und auch der Verwalter muss seinen Beruf beherrschen und sollte das wissen. Man sollte die Entscheidung lieber dort lassen, wo sie hingehört: In der Eigentümerversammlung.

Teil 3: Der gültige Beschluss

Wie geht es denn richtig? Ein Beschluss steht nicht am Anfang, sondern am Ende der Entscheidungsfindung zu einem Projekt. Unabhängig davon sollte die Eigentümergemeinschaft von Anfang an involviert sein. Gespräche zur Entscheidungsfindung sollten in der gesamten Vorbereitungsphase unbedingt stattfinden. Sie dürfen aber nicht mit einer verbindlichen Beschlussfassung verwechselt werden, wie die folgende Abbildung zeigt:

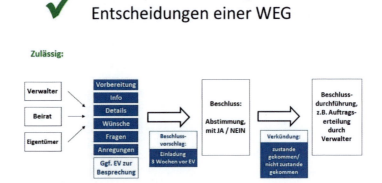

In der ersten Phase äußert jemand ein bestimmtes Thema. Verwalter, Beirat und Eigentümer kommen mit bestimmten Ideen und Wünschen zusammen. Ein professioneller Verwalter sollte bei großen Maßnahmen wie einer Balkonsanierung eine Eigentümerversammlung zur Vorbesprechung veranstalten. Hier werden nun Wünsche und Details vorgetragen, Fragen geklärt und Anregungen ausgetauscht. Außerdem kann man hier schon erkennen, wie die Mehrheit zu einer bestimmten Maßnahme steht.

Die Eigentümer müssen eingebunden werden, denn es geht ja um ihr Gebäude und Vermögen. Von der rechtlichen Lage abgesehen, sollte man auch aus moralischen Gründen eine Eigentümerversammlung zum Gedankenaustausch veranstalten, damit jeder Eigentümer seine Vorstellungen äußern kann. Diese erste Versammlung dient dazu, den Rahmen zu erfassen und einen späteren Beschluss vorzubereiten.

Kapitel 3: Eigentümerversammlung

Danach muss der Verwalter eine Menge organisieren, z.b. sich bei Fachleuten informieren, Angebote bei Handwerkern einholen, einen Zeitplan und ein Leistungsverzeichnis erstellen lassen, Kapazitäten bei den Unternehmen abfragen, Vorschläge zu Ausführung und Finanzierung unterbreiten, den Eigentümern die Angebote und einen Preisspiegel zukommen lassen, einen Beschluss vorbereiten und die Einladung zur nächsten Eigentümerversammlung ausarbeiten.

Dort wird dann abschließend über die Maßnahme gesprochen, die finale Beschlussformulierung erarbeitet und zur Abstimmung gestellt. Am Schluss zählt der Verwalter die Stimmen und „verkündet" (so steht es im Gesetz), ob der Beschluss zustande gekommen ist oder nicht. Jetzt kann der Verwalter den Auftrag mit einer gültigen Rechtsgrundlage erteilen, ohne dass er das Risiko gefährlicher Schadenersatzansprüche eingehen müsste.

Was bedeutet eigentlich „ordnungsmäßige Verwaltung"?

Oft wird der Begriff „ordnungsmäßige Verwaltung" dahingehend falsch verstanden, dass einzelne Eigentümer dem Verwalter für bestimmte Maßnahmen gerne Anweisungen geben möchten, und dass dieser sich dann kurzfristig um die Umsetzung kümmern muss, ohne die anderen Eigentümer zu fragen. Das ist aber nur teilweise richtig.

Ordnungsmäßig ist die Verwaltung dann, wenn sie dem „billigen Ermessen", also dem Interesse der Gesamtheit der Wohnungseigentümer dient, so steht es in § 18 WoEigG. Also Maßnahmen, die man von einer ordentlichen, normalen WEG-Verwaltung erwarten kann, und die dem gewöhnlichen Interesse von Wohnungseigentümern im Allgemeinen entsprechen. Sie sehen schon: Es ist ein Begriff mit viel Definitionsspielraum. Die Rechtsprechung sagt: Etwas zählt zur ordnungsmäßigen Verwaltung, wenn es aus neutraler, objektiver Sichtweise betrachtet für die Gesamtheit der Eigentümer grundsätzlich nützlich ist, wobei die individuellen Umstände und auch die finanziellen Verhältnisse der WEG zu würdigen sind.

Sie als Eigentümer können von der Gemeinschaft Maßnahmen der ordnungsmäßigen Verwaltung verlangen und notfalls auch gerichtlich einfordern. Dass die WEG vom Verwalter repräsentiert wird, bedeutet aber nicht, dass dieser sofort loslegen muss, wenn ein Einzelner etwas von ihm verlangt, was ordnungsmäßiger Verwaltung entspricht. Denn man darf nicht vergessen, dass der Verwalter alleine keine Entscheidungen treffen darf, z.B. einen Handwerker zu beauftragen und Geld für eine Reparatur auszugeben. Wenn es kein Notfall und keine Maßnahme von untergeordneter Bedeutung ist, bleibt die Entscheidung immer noch bei der Eigentümerversammlung.

Der Unterschied liegt darin, dass die Eigentümerversammlung nicht unbegründet „nein" sagen und einen Beschlussantrag ablehnen kann, wenn die Maßnahme ordnungsmäßiger Verwaltung entspricht. Als Wohnungseigentümer haben Sie nämlich einen Anspruch darauf, dass bestimmte Dinge gemacht werden, die „dazugehören", ansonsten können Sie sie auch gerichtlich durchsetzen. Und warum müssen diese trotzdem von der EV beschlossen werden? Das liegt daran, dass die EV

Kapitel 3: Eigentümerversammlung

sich mit dem „ob" und mit dem „wie" auseinandersetzen muss. So gehört bspw. die „ordnungsmäßige Erhaltung des gemeinschaftlichen Eigentums" zur ordnungsmäßigen Verwaltung, sagt § 19 WoEigG. Aber über die Fragen, wie im vorliegenden Fall etwas „erhalten" werden soll, wer den Auftrag bekommt, was es kosten darf und wie es finanziert wird, darüber entscheidet die Eigentümerversammlung – und nicht Verwalter, Beirat oder ein betroffener Eigentümer. Zur ordnungsmäßigen Verwaltung gehört auch die Jahresabrechnung, die der Verwalter ohne weitere Aufforderung in der ersten Jahreshälfte aufstellen sollte. Bevor die Abrechnung gültig wird, muss die Eigentümerversammlung sie durch einen Beschluss absegnen.

Daher muss auch über Maßnahmen der ordnungsgemäßen Verwaltung ein Beschluss gefasst werden, aber die WEG darf die Maßnahme nicht unbegründet ablehnen. Man kann sich im Einzelfall bestimmt darüber streiten, wann etwas zur ordnungsmäßigen Verwaltung gehört oder nicht. Es muss eben im Sinne der Gemeinschaft der Eigentümer sein. Und weil das so ein schwammiger Begriff ist, liefert der Gesetzgeber im WoEigG mehrere Beispiele:

- Aufstellen einer Hausordnung,
- ordnungsmäßige Erhaltung des gemeinschaftlichen Eigentums,
- Abschluss einer Gebäude-Sachversicherung sowie einer Haftpflichtversicherung,
- Ansammlung einer angemessenen Erhaltungsrücklage,
- Aufstellen von Wirtschaftsplan und Jahresabrechnung,
- Einberufung der Eigentümerversammlung,
- Ihnen Einsicht in Verwaltungsunterlagen gewähren,
- usw.

Somit sind diese Verwaltungsmaßnahmen schon einmal definiert und Sie können einen Anspruch darauf geltend machen, damit diese beschlossen werden. Ordnungsmäßige Verwaltung bedeutet also nicht, dass Sie kurzerhand an den Verwalter herantreten können, wenn Sie einen Wunsch haben, und dass der Verwalter dann sofort so handeln muss. Er muss in diesen Fällen auf jeden Fall handeln, aber er darf die anderen Eigentümer nicht umgehen. Der Gesetzgeber schreibt vor, dass die Eigentümerversammlung über das „ob" und das „wie" entscheidet, damit der Verwalter eine Rechtsgrundlage hat.

Die oben genannte Aufstellung ist aber nicht abschließend. Auch weitere Maßnahmen, die dem „billigen Ermessen", dem Interesse der Gesamtheit der Wohnungseigentümer dienen, entsprechen ordnungsmäßiger Verwaltung. Was das ist, hängt stark vom Einzelfall ab. Natürlich bietet so eine schwammige Definition auch viel Spielraum für Interpretationen, weil der Gesetzgeber ganz bewusst die Türe für weitere Maßnahmen offenhalten wollte. Natürlich wurde dadurch in Kauf genommen, dass viele Diskussionen, Literatur und Rechtsprechung entstehen.

Wenn der Beschlussvorschlag auf der EV noch geändert werden soll

Manchmal kann es sein, dass die Teilnehmer einen Beschlussvorschlag am Abend der Versammlung noch ganz wesentlich ändern möchten. Wenn im Ergebnis ein völlig neuer Beschluss zur Abstimmung steht, werden die Nichtanwesenden vom Gesetzgeber geschützt, indem ihnen weitere Bedenkzeit eingeräumt wird. In diesem Fall müssten die neuen Informationen nochmal an alle Eigentümer verteilt werden, das heißt, es muss eine neue Einladung zu einer weiteren Eigentümerversammlung versendet werden, damit sich alle Eigentümer in Ruhe Gedanken machen und mit dem neuen Vorschlag auseinandersetzen können. Sie treffen sich dann ein paar Wochen später zur finalen Entscheidung.

Die Logik ist simpel: Worüber auf der EV entschieden werden soll, muss klar und eindeutig in der Einladung stehen. Wenn Sie nicht selbst kommen, sondern eine Vollmacht erteilen, muss es Ihnen möglich sein, Ihre Meinung dahingehend zu äußern, dass der Bevollmächtigte mit „ja" oder „nein" abstimmen kann.

Bei komplexeren Themen sollte der Verwalter in der Einladung einen groben Beschlussvorschlag unterbreiten, damit sich jeder orientieren kann, worum es geht. Es gehört zur Natur der Sache, dass während der Besprechung, also kurz vor der Beschlussfassung, noch Änderungswünsche auftauchen, denn Meinungsaustausch und Willensbildung finden auf der EV statt. Gewisse Änderungen am Beschlusstext vor der Abstimmung sind durchaus möglich. Es dürfen aber keine *wesentlichen* Änderungen mehr erfolgen, da der Gesetzgeber Sie davor schützt, überrumpelt zu werden.

Der Verwalter (und die Teilnehmer!) müssen abwägen, inwieweit Änderungen und Ergänzungen zu verantworten sind, und ob sie für Nichtanwesende überraschend sein könnten. Bei wesentlichen Änderungen ist jedenfalls eine neue Versammlung erforderlich, damit sich alle Eigentümer in Ruhe mit den neuen Rahmenbedingungen auseinandersetzen können. Sie müssen auch nicht bis zum nächsten Jahr warten. Die nächste Versammlung kann auch ein paar Wochen später stattfinden.

Weil eine weitere EV vielen Eigentümern zu mühselig ist und vielen Verwaltern zu viel Arbeit bereitet, ist es nur allzu verständlich, dass viel gemogelt wird und Beschlüsse zur Abstimmung gestellt werden, die gehörig abgeändert wurden. Wo kein Kläger, da kein Richter – aber wenn doch, droht eine kostspielige Anfechtungsklage. Jeder Verwalter muss selbst entscheiden, ob er das Risiko eingehen möchte. Wenn sich später jemand beschwert oder sogar klagen sollte, trägt die Haftpflicht-Versicherung des Verwalters das Risiko jedenfalls nicht, denn sie erwartet, dass er sich an die gesetzlichen Regeln hält.

Um *unwesentliche* Zusätze darf ein Beschlusstext im Laufe der Versammlung ergänzt werden. Was eine unwesentliche Änderung ist, hängt sehr vom Einzelfall ab. Wenn die Änderung für Abwesende in der Form nicht absehbar war, sollte man aufpassen. In der nachfolgenden Tabelle finden Sie ein paar Beispiele, die natürlich je nach Einzelfall anders interpretierbar sind:

Kapitel 3: Eigentümerversammlung 103

Beschluss-gegenstand	Änderung auf EV	Wesentliche Änderung = Neue EV nötig?
Neuwahl Beirat	Ein weiterer Kandidat wird aufgestellt.	Keine wesentliche Änderung.
Dachreparatur	Dachdecker soll neben der Dachreparatur auch eine Dachkontrolle und Rinnenreinigung machen. Kostenpunkt: 750 EUR.	Keine wesentliche Änderung.
Eigentümer bittet um Genehmigung Klimaanlage	Anderes Modell => Optisch sehr ähnlich, niedrigerer Geräuschpegel.	Keine wesentliche Änderung, da geringere Beeinträchtigung im Vergleich zum ursprünglichen Beschluss.
Beauftragung eines neuen Hausmeisters. Vier Angebote liegen vor	Ein fünftes Angebot wird eingereicht. Das LV ist mit den vorliegenden gut vergleichbar. Es gab keinen Favoriten. Vertragslaufzeit nur ein Jahr.	Keine wesentliche Änderung, sofern vergleichbar und keine weiteren Faktoren zu berücksichtigen sind.
Wirtschaftsplan	Prognose der Allgemeinstromkosten sollen wegen der Energiekrise 10 % höher angesetzt werden.	Kommt darauf an. Gfgs. keine wesentliche Änderung, zudem wird später über die echten Kosten abgerechnet.
Anstrich Treppenhaus	Auch die Fassade soll gestrichen werden, „um Anfahrtskosten zu sparen". Kosten noch unbekannt.	Wesentliche und völlig unerwartete Änderung für die übrigen Eigentümer. Kein Zusammenhang zu TOP.
Jahresabrechnung	Finanzierung der Kosten für den Anstrich der Garagentore sollen doch nicht aus der Rücklage entnommen, sondern zur Hälfte als Sonderumlage umgelegt werden.	Wesentliche und unerwartete Änderung für die übrigen Eigentümer. Finanzielle Mehrbelastung. Idee hätte früher geäußert werden können!
Jahresabrechnung	Änderung des Umlageschlüssels für Wasser von MEA zu Personen	Wesentliche Änderung mit Konsequenzen für zukünftige Abrechnungen. Änderung der Umlageschlüssel erfordert separaten Beschluss!

Nachträgliches „Umlügen" von Beschlüssen

Das Protokoll der Eigentümerversammlung dient der Rechtssicherheit aller Eigentümer, um den Beschluss zu dokumentieren, der auf der EV gefasst wurde und bereits ab dem Zeitpunkt der Verkündung gültig ist. Würde man das Protokoll nachträglich ändern, würde man alle Anwesenden und Vollmachtgeber um ihr Stimmrecht betrügen.

Dass der Beschlusstext sich nochmal geringfügig ändert, bevor er zur Abstimmung gestellt wird, ist üblich und oftmals sogar sinnvoll, weil Sie als Eigentümer ja in die Entscheidungsfindung einbezogen werden – solange die Änderungen unwesentlich bzw. vorhersehbar sind.

Der Versammlungsleiter muss aufpassen, dass es keine Missverständnisse gibt. Vor der Abstimmung sollte der neue Text unbedingt nochmal vorgelesen und in die Runde gefragt werden, ob es weitere Ergänzungen oder Rückfragen gibt. Nun sollte klar sein, über welchen Beschlussgegenstand entschieden wird. Dann wird abgestimmt, der Verwalter zählt die Stimmen und verkündet, ob und mit welcher Mehrheit der Beschluss zustande gekommen ist.

Ein Beschluss wird durch Verkündung rechtswirksam. Also wenn der Verwalter bspw. sagt: „Der Beschluss wurde mehrheitlich angenommen mit 18 Ja, 0 Nein und 2 Enthaltungen." Sobald er das ausgesprochen hat, ist der Beschluss juristisch in der Welt. Er wird nämlich nicht erst dann wirksam, wenn er ins Protokoll aufgenommen oder vom Beirat unterschrieben wird.

Das Protokoll dient der Dokumentation, weil man im Laufe der Zeit vieles vergisst. Vielleicht wurde am 02.03.1984 unter TOP 7 die Vermietung einer Teilfläche vom Hof (Gemeinschaftseigentum) an den Eigentümer der Wohnung 2 beschlossen? Sie benötigen Rechtssicherheit, weil ein Beschluss ab seiner Verkündung für alle bindend ist – auch für zukünftige Wohnungseigentümer. Deswegen müssen Beschlüsse vom Verwalter auch in die Beschlusssammlung aufgenommen werden. Ein sinnvolles Hilfsmittel: Wenn Sie Ihre Wohnung verkaufen, können Sie die Beschlusssammlung beim Verwalter anfordern und dem Käufer aushändigen, damit er die vollständige Rechtslage direkt einsehen kann.

Kapitel 3: Eigentümerversammlung 105

Damit Sie Gewissheit haben, dass der verkündete Beschluss auch gültig ist, darf ein Protokoll nachträglich auf keinen Fall geändert werden. Der Beschlussvorschlag wurde auf der EV ja klargestellt und das Abstimmungsergebnis ist sofort nach der Verkündung wirksam geworden. Ihre Stimme ist eine empfangsbedürftige Willenserklärung. Ähnlich einem Brief, den Sie zur Post geben, oder einer Überweisung von Ihrem Girokonto können Sie Ihre Stimme nach der Beschlussfassung nicht zurückziehen. Ansonsten würden alle Eigentümer rückwirkend um ihr Stimmrecht gebracht, die anwesend waren und mit ihrer Stimme etwas entschieden haben. Es würde ansonsten nichts mehr bringen, überhaupt noch zur EV zu gehen, wenn Ihre demokratische Entscheidung nachträglich von jemandem geändert werden dürfte.

Warum sollte überhaupt jemand fordern, dass das Protokoll nachträglich geändert wird? Wenn die Tagesordnung der Eigentümerversammlung vernünftig vorbereitet und der Beschlussvorschlag klar kommuniziert wurde, kann eigentlich nichts passieren. Trotzdem fordern manche Eigentümer oder Beiräte gelegentlich eine Änderung des Protokolls. Dann muss etwas schiefgelaufen sein.

Es beginnt mit der Vorbereitung: Wurden Sie schon in der Einladung ausführlich über alle Themen informiert? Worüber soll entschieden werden? Welche Konsequenzen folgen? Wer zahlt? Und so weiter. Wenn Sie umfassend aufgeklärt wurden, sind die meisten Fallstricke schon ausgeräumt.

Vielleicht haben Sie auch einfach versäumt, rechtzeitig in die Einladung zu schauen und möchten Ihre Stimme nachträglich ändern. Das ist aber Ihre eigene Verantwortung, und an der abgegebenen Stimme kann man nach der Versammlung nichts mehr ändern. Jetzt aufzubegehren und Änderungen zu fordern wäre unfair gegenüber den anderen Eigentümern.

Möglicherweise haben die Anwesenden aber auch auf den Verwalter eingeredet und ihn überredet, irgendwelche größeren Ergänzungen am Beschluss vorzunehmen, die in der Einladung so gar nicht erkennbar waren. Und jetzt soll ein Teil davon rückgängig gemacht werden. Oder vielleicht hat der Verwalter auch gar nicht alle diese Änderungen aufgenommen, aber die Teilnehmer nicht klar genug informiert, dass wesentliche Änderungen nicht spontan möglich sind, sondern eine neue

Eigentümerversammlung erfordern. Also unterschiedliche Ansichten und Meinungen während der Versammlung. Wenn dann noch unklar geblieben ist, über welchen genauen Beschlusstext abgestimmt wird, sind Missverständnisse absehbar.

Im Protokoll muss wörtlich stehen, welcher Beschlussvorschlag zur Abstimmung gestellt wurde – und welche Stimmen dann abgegeben wurden. Blöd, wenn jemand mit seinem Nachbarn gequatscht und nicht zugehört hat. Wenn aber ein anderer Text ins Protokoll geschrieben wurde, hat der Verwalter unprofessionell gearbeitet. Mit Änderungen im Nachgang der Versammlung sollte man aufpassen. Wenn bei einer WEG in Eigentümerversammlungen schon öfters ein gewisses Durcheinander aufgekommen ist, sollte man lieber den Beschlusstext vor der Abstimmung aufschreiben und direkt nach der Stimmenauszählung unterschreiben lassen. Wenn andernfalls der echte Beschlusstext später nicht mehr nachgewiesen werden kann, hilft nur eine Wiederholung der Versammlung – bzw. des in Rede stehenden Tagesordnungspunktes. Das erzeugt viel vermeidbaren Aufwand. Diese und alle weiteren Versammlungen der WEG sollten von nun an sofort vor Ort protokolliert werden.

Wenn der Verwalter transparent arbeitet und sofort protokolliert, entsteht das Problem gar nicht erst – oder kann abgewehrt werden. Der Beschluss ist rechtlich bindend und ist bereits durch Verkündung entstanden – das Protokoll ist nur Beiwerk, das der Dokumentation dient.

Tagesordnungspunkt „Sonstiges" – das kann ins Auge gehen!

Viele Einladungen zur Eigentümerversammlung versprechen eine kurze Veranstaltung, die am Ende doch mehrere Stunden dauert. Auf der Einladung finden Sie zunächst die jährlichen Standard-Themen:

- Bericht der Verwaltung,
- Beschlussfassung über die Jahresabrechnung,
- Beschlussfassung über den Wirtschaftsplan,
- Entlastung des Verwalters,
- Entlastung des Beirats,
- Sonstiges,
- Ende der Versammlung.

Gefährlich ist der Tagesordnungspunkt „Sonstiges". Hier kann man Meinungen austauschen, aber keinen verbindlichen Beschluss fassen. Dafür gibt es viele gute Gründe. Im Mittelpunkt steht der Schutz der Eigentümer, damit niemand überrumpelt wird. Vor allem Nichtanwesende sollen vor dem Quasi-Verlust ihres Stimmrechts beschützt werden, wenn plötzlich neue Themen auftauchen und „beschlossen" werden. Und damit Sie sich auf die Themen vorbereiten können und Ihr Verwalter Sie richtig beraten kann, muss er die Themen im Vorfeld der EV aufbereiten. Wenn ein unerwartetes Thema vom Himmel fällt, geht das nicht.

Der Gesetzgeber verbietet die Beschlussfassung unter dem TOP „Sonstiges" jedenfalls als Formfehler. Vielleicht sollte man den TOP Sonstiges einfach weglassen, weil er zu falschen Erwartungen und Missverständnissen führt. Ich nenne ihn beispielsweise „Ausblick". Oft genug gibt es Streit, weil eine Angelegenheit vermeintlich beschlossen, aber nicht rechtsgültig ist, und der Fall landet vor Gericht – das kann teuer werden. Aber einfach weglassen? So einfach ist es nicht.

Was passiert in der Realität?

Die eigentliche Versammlung wäre nach 15 Minuten vorbei, der Verwalter beginnt schon einzupacken, da tauchen plötzlich ganz neue und unerwartete Themen auf. Ein Eigentümer nach dem anderen wirft noch einen Hut in den Ring. Weil niemand auf die Spontanvorträge vorbereitet ist, hält jeder seinen eigenen Monolog, und die anderen schauen nur verlegen in die Runde. Oder es beginnt eine ziellose Diskussion, da niemand vorbereitet ist, und die Versammlung dehnt sich mangels Struktur von 15 Minuten auf zwei oder mehr Stunden aus. Unter „Sonstiges" tauchen die unterschiedlichsten Wünsche auf, zum Beispiel:

- Wir würden gern das Treppenhaus neu streichen lassen.
 (Wer ist wir?)

- Der Garagenhof muss besser beleuchtet werden.
 (Was heißt besser?)

- Wir möchten den Eingangsbereich umgestalten.
 (Was bedeutet das?)

- Ich brauche neue Fenster, sie sind undicht.
 (Das fällt Ihnen heute ein?)

Warum ist das so schlimm?

Außer einer ziellosen Diskussion haben Sie nichts gewonnen, weil Sie nichts beschließen können. Jeder Beschluss unter „Sonstiges" ist nichtig und damit wirkungslos. Unschön für spontane Ideen, aber so ist es nun einmal gesetzlich geregelt. Der ganze Frust kann vermieden werden, indem Sie Ihren Verwalter im Laufe des Jahres bitten, Ihre Themenwünsche in die Einladung aufzunehmen. Wenn etwas beschlossen werden soll, können Sie evtl. sogar bei der Einholung von Angeboten unterstützen. Wenn Sie das Thema zunächst nur besprechen möchten, lässt es sich ebenfalls leicht auf die Agenda nehmen. Der Vorteil ist, dass jeder Miteigentümer Ihre Idee schon auf der Einladung lesen kann und somit eine viel konstruktivere Diskussion möglich ist, weil alle involviert sind.

Kapitel 3: Eigentümerversammlung

Warum ist es verboten?

Weil jeder Beschluss verbindlich ist und vom Verwalter umgesetzt werden muss. Was einmal mehrheitlich beschlossen ist, bindet alle Eigentümer, auch die zukünftigen, wenn eine Wohnung mal verkauft wird. Um Sie zu schützen, gibt es so hohe Hürden für die Beschlussfassung, u.a.:

- Es kann nur beschlossen werden, was in der Einladung stand. Sie sollen ausreichend Zeit haben, sich mit den Themen auseinanderzusetzen und Fragen zu stellen.
- Inhaltliche Bestimmbarkeit: Ein Beschluss ist nur gültig, wenn er klar und eindeutig formuliert ist. Er muss auch für fremde Dritte nachvollziehbar sein, ansonsten ist er rechtlich angreifbar.
- Wenn ein Beschluss formell nicht hundertprozentig in Ordnung ist, kann er einen Monat lang gerichtlich angefochten werden. Die Folge ist möglicherweise ein jahrelanger Rechtsstreit, der viel Geld kostet – und am Ende wird der Beschluss vom Gericht für ungültig erklärt.
- Der Verwalter muss jeden Beschluss in die Beschlusssammlung eintragen, damit sich auch potentielle Käufer mit den Rahmenbedingungen der WEG auseinandersetzen können.

Warum gibt es dieses ausgeprägte Redebedürfnis am Ende der EV?

Es ist wichtig, dass die Eigentümer regelmäßig miteinander sprechen können, um sich eine Meinung zu den unterschiedlichen Themen zu bilden. Oftmals sehen die Eigentümer sich außerhalb der EV gar nicht, z.B. wenn Wohnungen vermietet sind oder als Zweitwohnsitz dienen. Regelmäßige Besprechungen sind daher sehr zu befürworten. Um die Themen von oben wieder aufzugreifen:

- Das Treppenhaus SOLLTE gestrichen werden.
- Die Beleuchtung vom Garagenhof IST viel zu dunkel und wirklich zu gefährlich.
- Der Eingangsbereich IST in die Jahre gekommen und könnte viel schöner sein.
- Die Fenster SIND undicht.

Das Problem ist, dass solche Themen nicht so unvermittelt in den Raum gestellt werden sollten. Eigentlich ist es ja ideal, wenn sich die Eigentümer sogar sofort einig sind, aber nicht nur für die gesetzlichen Formalitäten ist das jetzt ganz ungünstig. Denn was soll der Verwalter tun? Er kann nicht einem beliebigen Handwerker blanko den Auftrag erteilen, das Treppenhaus zu streichen. Was ist mit dem Kostenrahmen? Er kann auch nicht planlos ein paar Lampen am Garagenhof montieren lassen. Solche Themen müssen vorbereitet und Details besprochen werden, das ist auch in Ihrem Sinne. Zum Beispiel müssen Angebote eingeholt, eine Skizze erstellt oder ein Kostenrahmen ermittelt werden.

Wie könnte man es besser lösen?

Es wäre ideal, wenn Sie Ihre Themenwünsche rechtzeitig äußern. Man *kann* und *sollte* vieles besprechen, denn eine gute Kommunikation vermeidet Streitigkeiten. Am Ende jeder Versammlung sollte auch genügend Platz für diese Gespräche eingeplant werden. Der Unterschied zwischen „Besprechung" und „Beschluss" muss aber allen klar sein.

Erstens muss besprochen werden, was von der Mehrheit gewünscht ist. Erst danach macht eine Planung und Einholung von Angeboten Sinn. Zweitens muss die Maßnahme später dann beschlossen werden, wenn alle Informationen, Angebote oder Kostenschätzungen vorliegen. Der Beschluss verpflichtet den Verwalter nämlich verbindlich zur Umsetzung einer Maßnahme. Daher muss der Beschlussgegenstand klar und eindeutig zu verstehen sein, damit es später keinen Streit gibt.

Sie müssen keine Angst haben, dass sich alles unnötig in die Länge zieht. Wenn alle Beteiligten zusammenarbeiten (damit sind Verwalter *und* Eigentümer gemeint), kann die Vorbereitung sehr schnell gehen. Die nächste Versammlung muss nicht im nächsten Jahr stattfinden, sondern in zwei Monaten, wenn die Sache nicht warten kann oder sollte.

Hartnäckiger Glaube an den „Vorratsbeschluss"

Eines der am weitesten verbreiteten Missverständnisse ist der Vorratsbeschluss. Die bittere Wahrheit ist: Meistens schafft es jeder Fachanwalt, einen „Vorratsbeschluss" schon in der ersten Instanz sofort in Stücke zu zerlegen. Was viele unter einem Vorratsbeschluss verstehen, ist vom Gesetzgeber in der Form gar nicht vorgesehen, und widerspricht vielen formellen Vorschriften des WoEigG, die zwingend eingehalten werden müssen.

Weil weder Verwalter noch Beirat über Themen von größerer Tragweite selbst entscheiden dürfen, muss die Eigentümerversammlung einen Beschluss fassen. Manchmal reicht die Vorbereitungszeit nicht aus und es liegen z.b. noch nicht alle Angebote für eine Baumaßnahme vor. Es wäre ja verlockend, die Maßnahme jetzt doch schon zu beschließen, und wichtige Details später vom Beirat entscheiden zu lassen. Das ist leider nicht zulässig. Noch schlimmer wird es, wenn bereits über Dinge entschieden werden soll, zu denen praktisch noch gar keine Details bekannt sind. Der Gesetzgeber hat aber bestimmte Anforderungen an die Wirksamkeit von Beschlüssen. Wenn noch keine Fakten bekannt sind, kann man nichts beschließen. Auch nicht auf Vorrat. Das Problem: Beschlüsse müssen inhaltlich bestimmbar sein und sich auf einen konkreten (Einzel-) Fall beziehen. Vorratsbeschlüsse erfüllen in der Regel beide Voraussetzungen nicht. Spätestens, wenn es mal Ärger unter den Eigentümern gibt, kann das teuer werden. Jedes Gericht erklärt solche Beschlüsse sofort für unwirksam. Ein paar Beispiele von gut gemeinten, aber ungültigen „Vorratsbeschlüssen":

- Wir beschließen, dass das Treppenhaus angestrichen werden soll, „wenn es mal nötig ist".
- Wenn die Treppenhausreinigung weiter so schluderig gemacht wird, entscheidet der Beirat über die weitere Vorgehensweise.
- Wenn zwei weitere Angebote vorliegen, entscheiden Verwalter und Beirat über die Auftragsvergabe für die Dachreparatur.

Inhaltliche Bestimmbarkeit

Ein Beschluss muss „inhaltlich hinreichend bestimmbar" sein, ansonsten ist er nicht gültig. Aus dem Beschlusstext muss klar hervorgehen, welche Handlung ausgeführt werden soll. Wenn morgen ein neuer Verwalter gewählt wird, müsste er allein aus dem Beschlusstext verstehen können, was er tun soll und wie er es zu tun hat. Es darf keinen Interpretationsspielraum geben. Alle wichtigen Details müssen zwingend im Beschluss geregelt werden. Wenn z.b. eine handwerkliche Maßnahme beschlossen wird, muss klar sein, welcher Handwerker beauftragt werden soll, wie hoch der Kostenrahmen ist, wie die Maßnahme finanziert werden soll (Rücklage oder Sonderumlage?), bis wann sie umgesetzt werden soll usw.

Wenn sich aus dem Beschlusstext eine konkrete Handlung ableiten lässt, ist er in der Regel gültig. Bei Vorratsbeschlüssen sind hingegen viele Dinge noch gar nicht klar. Das stellt den Verwalter vor Probleme, da er ja für die Umsetzung verantwortlich ist. Wenn er selbst Entscheidungen trifft, haftet er auch.

- Beim Beschluss, das Treppenhaus zu streichen, „wenn es nötig ist", fehlt eine klare Regel, wie man feststellt, wann „es nötig" ist. Unklar bleibt, bis zu welchem Kostenrahmen der Auftrag erteilt werden darf, welcher Handwerker beauftragt werden soll und wie es bezahlt wird.

- Beim Beschluss über die Treppenhausreinigung steht der Beirat in der Schusslinie. Was „weitere Vorgehensweise" bedeutet, wird nicht klar. Soll der bestehenden Firma gekündigt und eine neue beauftragt werden? Liegen Angebote und ein Preisspiegel vor? Ist ein Leistungsverzeichnis als Grundlage für den neuen Auftrag definiert? Wie erkennt man, ob die Treppenhausreinigung als „so schluderig" zu bezeichnen ist? Die Entscheidung wird auf den Beirat delegiert, der für das Treffen von Entscheidungen gar nicht versichert ist.

- Auch bei der Dachreparatur, für die noch weitere Angebote eingeholt werden sollen, wird die Entscheidung über die Handwerkerauswahl aus der EV herausdelegiert. Sollte der beauftragte Handwerker

Kapitel 3: Eigentümerversammlung 113

Insolvenz anmelden und dadurch die gezahlte Anzahlung uneinbringlich werden, haften Verwalter und Beirat dafür, denn nur die EV darf die Handwerker auswählen.

Lösungsmöglichkeit: Weitere EV

Warum sollte für solche Fälle überhaupt ein Vorratsbeschluss gefasst werden? Das Gesetz verlangt schließlich, dass allein die Eigentümerversammlung Entscheidungen trifft, wenn sie eine gewisse Tragweite haben. Also sollte man Entscheidungen auch nicht künstlich aus der EV herausverlagern, weil ansonsten immer jemand anders die Haftung auf sich nehmen müsste. Wenn es nach dem Gesetzgeber geht, sollen sich die Eigentümer immer dann treffen, wenn eine (größere) Entscheidung getroffen werden muss. Die Eigentümerversammlung findet nicht einmal im Jahr statt, sondern nach Bedarf. Sie müssen also nicht bis nächstes Jahr warten. Wenn alle Entscheidungsgrundlagen vorliegen und Sie genau im Bilde sind, worüber entschieden werden soll, treffen Sie sich wieder. Zwar ist eine erneute EV für alle Beteiligten etwas aufwändig, aber sie ist es wert, damit die Eigentümer sich über eine größere Maßnahme eine Meinung bilden und entscheiden können. Viel besser als der Vorratsbeschluss, der sowieso nur bis zum Amtsgericht hält.

Lösungsmöglichkeit: Umlaufbeschluss mit einfacher Mehrheit

Wenn man keine separate Versammlung veranstalten möchte, kann man seit der WEG-Reform des Jahres 2020 auch abkürzen: Wenn noch nicht alle Fakten bzw. Angebote vorliegen, können Sie auf der EV trotzdem den groben Rahmen beschließen, und festlegen, dass die Entscheidung über bestimmte Details später per Umlaufbeschluss getroffen wird. Sofern sich die EV mit der Sache „vorbefasst" hat, dürfen Sie auf der EV sogar bestimmen, dass der Umlaufbeschluss *in dieser Angelegenheit* mit einfacher Mehrheit getroffen wird. Die hohen Voraussetzungen für den Umlaufbeschluss, der ansonsten 100% Zustimmung erfordert, werden für den Einzelfall auf 50,01% heruntergesetzt, wenn Sie die Entscheidung auf „später" verlagern möchten, wenn alle Fakten vorliegen. Voraussetzung ist aber immer, dass die Eigentümer sich in der EV mit einem Thema schon auseinandergesetzt haben.

Gültiger Vorratsbeschluss

In seltenen Fällen kann ein Vorratsbeschluss auch gültig sein, aber das ist wirklich die Ausnahme. Denn er muss sowohl inhaltlich eindeutig bestimmbar sein als auch auf einen Einzelfall bezogen. In über einem Jahrzehnt WEG-Verwaltung hatte ich so einen Fall nur einmal, aber es war möglich: Es ging um eine Brandschutztür zur Tiefgarage, die einen Automatikantrieb hatte, der öfters ausfiel. Vor der EV funktionierte aber alles wieder. Trotzdem lagen schon konkrete Angebote für den kompletten Austausch vor. Die EV hat entschieden, dass – sobald die Türe noch einmal ausfällt – ein bestimmter Handwerker in einem festgelegten Kostenrahmen beauftragt werden soll, den Türantrieb komplett auszutauschen. Auch die Finanzierung zu Lasten der Rücklage wurde entschieden. Der Vorratsbeschluss war in praktisch jeder Hinsicht konkret und greifbar – nur der Zeitpunkt stand nicht fest, war aber ebenfalls eindeutig bestimmbar, nämlich sofort beim nächsten Ausfall des Türantriebes. Alle Details standen fest: Handwerkerauswahl, Kostenobergrenze und Finanzierung. In der Regel sind solche greifbaren Vorratsbeschlüsse sehr selten.

Kapitel 3: Eigentümerversammlung 115

Eigentümerversammlung vs. Umlaufbeschluss

Wenn Ihre Wohnung nicht gerade in einer sehr großen Eigentümergemeinschaft liegt, kann es in manchen Fällen sinnvoll sein, einen Beschluss außerhalb einer Eigentümerversammlung zu fassen, um einen Vorgang zu beschleunigen. Wenn ein Thema nicht allzu besprechungsintensiv ist, können Sie den ganzen Aufwand umgehen: Der Verwalter kann einen „Unterschriftenzettel", den sog. Umlaufbeschluss an die Eigentümer verteilen. Seit der WEG-Reform im Jahr 2020 können Sie sogar in Textform zustimmen, also per Email. Weil ein Umlaufbeschluss viel kurzfristiger zustande kommen kann, gelten aber andere Mehrheitsverhältnisse: Alle im Grundbuch eingetragenen Eigentümer müssen zustimmen.

Vielleicht ist am Ende der letzten EV ein zusätzliches Thema aufgetaucht, bei dem es wenig zu besprechen gibt und die Sache eigentlich allen klar ist? Vielleicht möchten Sie die WEG um Erlaubnis bitten, auf eigene Kosten eine Balkonsolaranlage oder einen E-Auto-Anschluss zu installieren? Zu diesen und anderen Themen benötigen Sie einen Beschluss der Eigentümer. Dieser kann auch außerhalb einer Eigentümerversammlung gefasst werden, wenn alle Eigentümer zustimmen. Wichtig ist, dass jeder dem gleichen Beschlusstext zustimmt – und niemand etwas dazuschreibt oder durchstreicht.

Ein Umlaufbeschluss ist eine gute Möglichkeit, einen Vorgang bei überschaubarem Aufwand zu beschleunigen, ohne auf die nächste EV warten zu müssen. Er kann eine echte Alternative sein, wenn es um ein einziges Thema geht, zu dem wenig Gesprächsbedarf besteht und die Zustimmung voraussichtlich klar ist. Das größte Problem ist, dass wirklich alle Eigentümer zustimmen müssen. Wenn nur einer nicht antwortet, kommt der Beschluss nicht zustande und Sie brauchen doch eine Eigentümerversammlung. Daher funktionieren Umlaufbeschlüsse besonders in kleinen Eigentümergemeinschaften sehr gut. Aber auch in gut gemanagten, mittelgroßen Anlagen mit gutem Kommunikationsfluss können Umlaufbeschlüsse häufig funktionieren. Wenn es allerdings viel Gesprächs- und Erklärungsbedarf gibt, sind Umlaufbeschlüsse denkbar unpassend. Das gilt für alle größeren Themen wie z.B. bei einer Modernisierung der Heizungsanlage, Wärmedämmung der Fassade und ähnlichem, wo ein Informations- und Meinungsaustausch wichtig ist.

Ein Überblick über die Vor- und Nachteile von Umlaufbeschlüssen im Vergleich zu einer Eigentümerversammlung gibt die nachfolgende Tabelle:

	Umlaufbeschluss	**Eigentümerversammlung**
Mehrheit	Alle Eigentümer müssen zustimmen.	Die einfache Mehrheit genügt (von Sonderfällen abgesehen).
Fristen	Keinerlei Vorlauf- oder Einladungsfristen.	Einladungsfrist: Drei Wochen (ggfs. längere Fristen in Ihrer Teilungserklärung).
Ort	Nicht benötigt.	Kostenpflichtiger Versammlungsort.
Dauer	Unterschrift bzw. E-Mail genügt.	Etwas länger: Sie müssen Ihre Freizeit einen Abend lang für die Veranstaltung opfern.
Themen	Ein einziges Thema. Ansonsten sind mehrere Umlaufbeschlüsse denkbar.	Beliebig viele Themen auf der Tagesordnung.
Abstimmung	Der Verwalter muss nachhalten, wer bereits zugestimmt hat und ggf. erinnern.	Abstimmung per Handzeichen. Das Ergebnis steht sofort fest.
Ergebnis	Ein Umlaufbeschluss kann im Sande verlaufen, wenn nur eine Person sich nicht meldet. Je größer bzw. anonymer die WEG, desto wahrscheinlicher.	Auch auf der EV kann es passieren, dass die Mehrheit ein Thema ablehnt.

Beschluss vs. Vereinbarung

Anstehende Themen werden von der WEG üblicherweise per Beschluss entschieden. Ein Beschluss ist eine Regelung für einen konkreten (Einzel-) Fall, womit so gut wie alle gewöhnlichen Themen abgedeckt sind. Wenn Sie aber eine generelle, allgemeine Regelung aufstellen möchten, die für die Zukunft gilt und nichts mit einem Einzelfall zu tun hat, reicht ein Beschluss nicht aus. Sie müssen mit den anderen Eigentümern eine sog. Vereinbarung treffen.

Beschlüsse werden mit Stimmenmehrheit auf der EV entschieden, und Vereinbarungen sind (schuldrechtliche) Verträge, die zwischen allen Eigentümern geschlossen werden. Vereinbarungen unterliegen keiner Formvorschrift und müssen nicht einmal schriftlich getroffen werden, obwohl es aus Beweisgründen dringend zu empfehlen ist. Bei einem Eigentümerwechsel bleibt eine Vereinbarung aber nur gültig, wenn sie eben doch schriftlich erfasst und anschließend vom Notar ins Grundbuch eingetragen wurde – ansonsten verliert sie mit dem nächsten Wohnungsverkauf ihre Wirksamkeit.

Eine Vereinbarung wird benötigt, wenn man Dinge generell und allgemein regeln möchte, unabhängig von Einzelfällen. Zum Beispiel gibt es bestimmte gesetzliche Standards, die man ändern kann. Solche Änderungen finden Sie wahrscheinlich schon in Ihrer Teilungserklärung im Abschnitt „Gemeinschaftsordnung". Dort befinden sich alle Vereinbarungen, die bereits der Bauträger bzw. der frühere Alleineigentümer mit der Teilungserklärung aufgestellt hat. Auch jetzt noch können Sie die vorhandenen Regeln Ihrer Eigentümergemeinschaft abändern. Aber nicht mit Stimmenmehrheit, sondern mit einer Vereinbarung zwischen allen Eigentümern. Ein paar Beispiele:

- Ihr Stimmrecht auf der Eigentümerversammlung: Wenn in der Gemeinschaftsordnung keine abweichende Vereinbarung getroffen wurde, hat jeder Eigentümer eine Stimme, egal, wie viele Wohnungen er besitzt. In vielen Gemeinschaftsordnungen finden Sie jedoch die Regelung, dass sich das Stimmrecht nach der Anzahl der Miteigentumsanteile oder nach der Anzahl der Wohnungen richtet. Das ist eine generelle, allgemeine Regel, die sich auf alle Eigentümerversammlungen bezieht. Sie können sie nicht per Beschluss, sondern nur mit einer Vereinbarung ändern.

- Das gilt auch für die Umlageschlüssel Ihrer Jahresabrechnung. Wenn in der Gemeinschaftsordnung nichts geregelt ist, werden alle Kosten nach dem gesetzlichen Standard, nämlich nach Miteigentumsanteilen, auf die Eigentümer verteilt. Da der Umlageschlüssel sich auf alle zukünftigen Jahresabrechnungen auswirkt, wäre eine Änderung nur mit einer Vereinbarung möglich. Seit der WEG-Reform 2020 können Sie die Umlageschlüssel allerdings doch mit einfachem Mehrheitsbeschluss ändern – eine Ausnahme im Gesetzestext, um es Ihnen zu erleichtern, die Umstände Ihrer Wohnanlage besser zu berücksichtigen.

- In manchen Teilungserklärungen ist geregelt, dass Sie die Kosten der Erneuerung „Ihrer" Fenster selbst tragen müssen, obwohl sie zum Gemeinschaftseigentum gehören. Auch das ist eine Vereinbarung.

- Häufig ist ein Nutzungszweck für Teileigentum vereinbart: Die Gewerbeeinheit im Erdgeschoss wird in der Teilungserklärung vielleicht „Laden" genannt. Wenn der neue Eigentümer hier eine Eisdiele eröffnen möchte, ist das kein Laden, sondern ein Café. Alle Eigentümer müssen per Vereinbarung der Nutzungsänderung zustimmen. Von den behördlichen Genehmigungen sprechen wir hier nicht.

- Das gilt auch für den Nutzungszweck von Wohnräumen, der sehr weit zu Ihren Gunsten auszulegen ist: Laut Gesetz dürfen Sie Ihre Eigentumswohnung nämlich nach Belieben nutzen oder vermieten. Meistens sogar an Feriengäste, auch wenn die oft wechseln. Wenn die Eigentümergemeinschaft das nicht möchte, müsste sie Ihnen mit einer Vereinbarung einen Riegel vorschieben. Allerdings müssten auch Sie dieser Vereinbarung zustimmen, was Sie vermutlich nicht tun werden.

Beschlüsse sind viel verbreiteter als Vereinbarungen. Ein Beschluss kann immer dann gefasst werden, wenn eine bestimmte Sache für einen konkreten Fall entschieden werden soll, z.B. einen Maler zu beauftragen. Wenn seine Arbeit erledigt ist, dann ist der Beschluss ebenfalls erledigt.

Kapitel 3: Eigentümerversammlung 119

Weil sich fast alle Dinge, die im Rahmen der gewöhnlichen Verwaltung zu besprechen sind, auf konkrete Einzelfälle beziehen, gibt es viele Eigentümergemeinschaften, die noch nie eine Vereinbarung geschlossen haben. Vereinbarungen werden nur gebraucht, wenn Dinge *generell und auf Dauer* für die Zukunft geregelt werden sollen. Obwohl durch viele Maßnahmen auf Dauer etwas verändert wird, ist der Auslöser trotzdem ein konkreter (Einzel-) Fall, und daher per Beschluss zu regeln – und nicht mit einer Vereinbarung. Ein paar Beispiele für Dinge, die per Beschluss entschieden werden:

- Neuanstrich des Treppenhauses. Farbton: Hellgelb anstatt wie bisher weiß. Zwar ändert sich der Farbton des Treppenhauses dauerhaft, aber trotzdem handelt es sich um einen konkreten Fall, der per Beschluss entschieden werden muss: Nämlich die Beauftragung und Durchführung der Malerarbeiten.

- Beauftragung einer neuen Hausmeisterfirma. Zwar haben Sie dann auf Dauer einen neuen Hausmeister, trotzdem bezieht sich der Beschluss auf den Einzelfall, nämlich: Dem alten Hausmeister die Kündigung auszusprechen und dem neuen Hausmeister den Auftrag zu erteilen.

- Wahl des Verwaltungsbeirats: Obwohl der Beirat auf unbestimmte Zeit und damit praktisch „auf Dauer" gewählt ist – nämlich bis zur nächsten Wahl oder bis zur Amtsniederlegung – ist auch dies ein Beschluss, der einen bestimmten Fall regelt – nämlich die Wahl der Personen, die in den Beirat kommen.

Textform vs. Schriftform

Seit der WEG-Reform des Jahres 2020 können Vollmachten zur Eigentümerversammlung grundsätzlich auch in Textform erteilt werden. Gleiches gilt für die Zustimmung zu einem Umlaufbeschluss. Aber was bedeutet Textform eigentlich? Juristen unterscheiden – neben anderen Formen – Schriftform und Textform. Schriftform bezeichnet Ihre eigenhändige Unterschrift „aus Tinte", während Textform heißt, dass Buchstaben dauerhaft „schwarz auf weiß" stehen, wie es bei einem Fax oder einer Email der Fall ist.

Bisher ging man davon aus, dass die Echtheit einer eigenhändigen Unterschrift einfacher nachgewiesen werden kann als die eines anderen Dokuments, z.b. einer Email. Bei bestimmten Rechtsgeschäften bevorzugt man daher immer noch die Schriftform, vor allem, wenn formale Anforderungen besonders hoch oder die Beweissicherheit wichtig ist. Denken Sie z.B. an Ihren Arbeits- oder Mietvertrag.

Bis zur WEG-Reform im Jahr 2020 war für Umlaufbeschlüsse, Vollmachten oder die Einladung zur Eigentümerversammlung die Schriftform erforderlich. Das hat sich geändert und nun ist die Textform ausdrücklich erlaubt. Das bringt Ihnen viele Erleichterungen, denn für eine schriftliche Vollmacht brauchten Sie auf jeden Fall einen Umschlag plus Briefmarke, und ggf. auch einen Drucker, um das Schriftstück überhaupt drucken und mit Tinte unterschreiben zu können. Vieles war aufwändiger und nicht mehr zeitgemäß. Für die Textform müssen Sie bspw. nur eine E-Mail schicken.

Auch Fax, WhatsApp oder SMS genügen der Textform, denn auch dort werden Buchstaben dauerhaft „schwarz auf weiß" gespeichert – Sprachnachrichten wiederum nicht. Wenn Sie ein Dokument, das Sie mit Tinte unterschrieben haben, einscannen und als pdf-Datei versenden, bringen Sie es übrigens zurück in die Textform, weil die Tinte in Einsen und Nullen auf dem Computer umgewandelt wird. Eine Vollmacht per SMS oder WhatsApp zu erteilen, wäre möglich, aber ziemlich gewagt, weil sie schnell mal übersehen werden kann. Und weil es hier die größten Probleme mit dauerhafter Datenspeicherung und -wiederherstellung gibt! Zwar entspricht auch das Fax der Textform, aber es benutzt heutzutage keiner mehr.

Kapitel 3: Eigentümerversammlung 121

Kann man Textform leichter fälschen? Vielleicht, aber ganz ehrlich: Eigentümerversammlungen sind kein hoheitlicher Staatsakt. Ihr Verwalter führt vermutlich keine Liste mit Unterschriftsproben und könnte selbst Ihre Unterschrift nicht ohne weiteres nachprüfen. Wenn ich ein unterschriebenes Dokument bekomme, kann ich glauben oder nicht, dass der Absender es selbst unterschrieben hat. Ob Ihre Unterschrift aus ein paar Kringeln, Strichen oder Buchstaben besteht, kann und möchte ich nicht nachprüfen. So läuft es doch auch bei Emails. Man geht davon aus, dass der Absender die E-Mail selbst geschrieben hat und der Account nicht gehackt wurde.

Vollmachten für Eigentümerversammlungen sind auch nicht gerade das beliebteste Ziel von Trickbetrügern und „Enkeltricksern". Schwer vorstellbar, wer einen Vorteil davon hätte, an dieser Stelle eine fremde Unterschrift zu fälschen. Außer vielleicht ein Eigentümer mit viel krimineller Energie, der sich eine Mehrheit für seinen eigenen Tagesordnungspunkt ergaunern will. Aber der würde auch handgeschriebene Vollmachten fälschen. Ein paar Kringel und Striche auf das Vollmachtsformular, und schon hat er seine Unterschrift. In einer Eigentümergemeinschaft gibt es ja keinen ständigen Publikumsverkehr, sondern oftmals jahrelang die gleichen Eigentümer, die sich von den Versammlungen mittlerweile kennen. Daher fliegen solche Trickserien besonders schnell auf, spätestens bei Versand des Protokolls mit den Abstimmungsergebnissen – und das hätte für den Fälscher erhebliche, strafrechtliche Konsequenzen. Daher brauchen Sie sich nicht allzu sehr vor Vollmachten und Umlaufbeschlüssen in Textform zu fürchten.

Formen und Fristen der EV am Beispiel „kaputte Fenster"

Sie haben in den letzten Abschnitten gesehen, dass sehr viele Formalitäten nötig sind, um eine Eigentümerversammlung einzuberufen. Der Gesetzgeber möchte Sie schützen, weil die meisten Wohnungseigentümer Privatpersonen ohne juristische Vorbildung sind – entsprechend gut und mit langer Frist sollen Sie von der Verwaltung informiert werden, damit man Sie nicht überrumpeln kann. Eine kurze Wiederholung, welche Formalitäten eingehalten werden müssen:

- Die Einladung muss an die letzte bekannte Adresse der Eigentümer gesendet werden.
- Die Einladungsfrist beträgt drei Wochen und soll nur im Notfall unterschritten werden.
- Alle zu beschließenden Themen müssen in der Einladung genannt – oder besser *erläutert* – werden. Der Verwalter muss Ihnen komplexere Themen und deren Konsequenzen erklären.
- Weil Beschlüsse – auch für zukünftige Eigentümer – bindend sind, muss der Beschlussgegenstand klar und eindeutig sein.
- Die EV muss nichtöffentlich sein, also an einem Versammlungsort stattfinden, wo Dritte nicht zuhören können.
- Themen, die Ihnen spontan einfallen, können nicht sofort beschlossen werden, sondern müssen auf die Tagesordnung der nächsten Eigentümerversammlung.
- Obwohl ein Beschluss durch Stimmauszählung und Verkündung zustande kommt, muss die EV zu Dokumentationszwecken protokolliert und von zwei Eigentümern unterzeichnet werden.
- Das Protokoll muss Ihnen nach der Versammlung in Textform zugänglich gemacht werden.

Wenn aufgrund eines dringenden Themas eine zusätzliche Eigentümerversammlung veranstaltet werden soll, verursacht das einen gewissen Mehraufwand. Schauen wir uns an, welche Arbeiten zur Vor- und Nachbereitung einer zusätzlichen EV anfallen, am Beispiel „kaputte Fenster":

Kapitel 3: Eigentümerversammlung 123

Es zieht! Ein Fenster in Ihrer Wohnung ist marode und ausgetrocknet. Bei starkem Regen und Wind läuft sogar etwas Wasser in Ihre Wohnung hinein! Sie brauchen ein neues Fenster, sonst wird es bald ungemütlich in Ihren vier Wänden. Aber Fenster sind immer Gemeinschaftseigentum, weil sie das äußere Erscheinungsbild des Gebäudes prägen, das hat auch die Rechtsprechung oft genug bestätigt. Wenn nicht gerade ein Notfall vorliegt, und z.b. täglich große Wassermassen durchs Fenster auf Ihren Parkettboden laufen, dürfen Sie nicht einfach selbst tätig werden und den Einbau eines neuen Fensters beauftragen. Auch nicht, wenn es kaputt ist. Was ist zu tun?

Sie erklären die Situation Ihrem WEG-Verwalter, und er versteht sofort: Wir müssen uns beeilen. Aber auch er dürfte nur im Notfall sofort handeln. In allen anderen Fällen benötigt auch er die Zustimmung der Mehrheit der Eigentümer – per Beschluss auf der Eigentümerversammlung. Für Sie bedeutet das leider eine gewisse Wartezeit.

Aber hoffentlich nicht, weil der Verwalter trödelt, obwohl auch das zuweilen vorkommt. Und Sie müssen auch nicht bis nächstes Jahr warten. Eine zusätzliche Versammlung kann mehr oder weniger kurzfristig einberufen werden. Aber sie muss vernünftig vorbereitet werden, damit die Zustimmung Ihrer Nachbarn nicht an formellen Gründen scheitert.

Einer der Einflussfaktoren ist die eigentliche Vorbereitungszeit. Hier geht es unter anderem darum, mehrere Angebote einzuholen. Weil es in diesem Beitrag hauptsächlich um die Formen und Fristen geht, nehmen wir mal an, dass Sie die WEG um Genehmigung bitten, auf eigene Kosten ein neues Fenster einzubauen, das optisch dem bisherigen Erscheinungsbild entspricht. Wir gehen davon aus, dass durch die Verwaltung keine Angebote eingeholt werden müssen und überspringen Ortstermine, Wartezeit, Nachhalten der Angebote und die Erstellung des Preisspiegels.

Es geht um die Vorbereitungen im engeren Sinne: Der Verwalter muss einen Versammlungsort suchen, terminlich abstimmen und reservieren. Vor allem muss er den Sachverhalt in der Einladung erläutern, Rahmenbedingungen recherchieren, am besten noch einen klaren und verständlichen Beschlussvorschlag formulieren – und am Ende alles ausdrucken, eintüten und zur Post bringen. Idealerweise wird auch das Protokoll schon einmal vorformuliert. Für die Einladung zur EV haben praktisch alle WEG-Verwalter Vorlagen. Die Hauptarbeit entfällt auf Recherche und Formulierung von Problem und Beschlussantrag. Wenn es nur um ein einziges Thema geht, dauert die Vorbereitungszeit zwischen einer Stunde und einem halben Tag – abhängig vom Erklärungsbedarf und der Komplexität der Maßnahme. Weil der Verwalter auch noch andere Kunden hat, deren Anliegen er bearbeiten muss, braucht er wahrscheinlich etwas Vorlaufzeit. Wenn die Eigentümerversammlung entsprechend ihrer Dringlichkeit eine hohe Priorität hat, sollte die Einladung spätestens innerhalb einer Woche fertig sein.

Nun müssen verschiedene Fristen eingehalten werden: Die Einladungsfrist für Eigentümerversammlungen soll drei Wochen betragen und nur in begründeten Fällen unterschritten werden. Es kann sein, dass in Ihrer Teilungserklärung eine längere Frist steht. Das heißt: Im Normalfall sollten alle Eigentümer die Einladung zur EV drei Wochen vor der Versammlung im Briefkasten haben (und am besten parallel per Email bekommen). Die Frist dient Ihrem Schutz, damit Sie nicht überrumpelt werden. Übrigens: Es gibt keinen Unterschied zwischen „ordentlicher" und „außerordentlicher" Eigentümerversammlung. Es gelten immer die gleichen Formen und Fristen, egal ob die Versammlung im März, im Sommer oder bei Vollmond stattfindet. Ohnehin ist vorgeschrieben, dass man sich immer dann zur Versammlung trifft, wenn etwas zu entscheiden ist, was nicht gerade untergeordnete Bedeutung hat. Es muss nicht lange dauern. Sie stimmen ab und gehen wieder. Jedes Jahr kann es beliebig viele Versammlungen geben.

Bis zur EV vergehen also mindestens drei Wochen. Vor der WEG-Reform hätte man die Versammlung wiederholen müssen, wenn weniger als die Hälfte der Eigentümer erschienen (oder per Vollmacht vertreten) wären. Seit 2020 ist das einfacher: Die EV ist beschlussfähig, wenn auch nur ein einziger Eigentümer erscheint oder eine Vollmacht erteilt.

Auf der EV kann man Ihnen mit einfacher Stimmenmehrheit die Genehmigung erteilen, Ihr Fenster auszutauschen. Zu den formellen Anforderungen an den Beschluss gehört die inhaltliche Bestimmtheit. Aus dem Beschlusstext muss klar und eindeutig hervorgehen, welche Genehmigung erteilt wird, welche Rahmenbedingungen zu beachten sind, wer die Kosten trägt usw. Gängige Voraussetzung ist, dass das äußere Erscheinungsbild des Gebäudes nicht verändert wird, zum Beispiel die Farbe des Fensterrahmens.

Kapitel 3: Eigentümerversammlung 125

Der Beschlussantrag wird zur Abstimmung gestellt. Sie stimmen per Handzeichen ab und der Verwalter zählt die Stimmen. Wenn es mehr Ja- als Nein-Stimmen gibt, verkündet er das Ergebnis. Der Beschluss kommt durch Verkündung des Abstimmungsergebnisses zustande – und nicht durch Aufnahme in das Protokoll oder Unterschrift durch den Beirat, weil beides lediglich der Dokumentation dient. Bis hierhin sind drei Wochen plus Vorbereitungszeit vergangen. Der Beschluss ist nun sofort rechtsgültig und kann direkt umgesetzt werden. Sie haben sofort die Erlaubnis, die Fenster auszutauschen.

Der Beschluss könnte innerhalb eines Monats noch von einem Eigentümer aus formellen Gründen angefochten werden. Einen zweiten Monat räumt man den Gerichten für die förmliche Zustellung ein. Sind dem Verwalter Formfehler unterlaufen, könnte das Gericht den Beschluss dann aufheben. Erst zwei Monate nach der EV ist sicher, dass der Beschluss Bestandskraft hat.

Fazit: Selbst bei idealen Voraussetzungen müssen Sie eine längere Zeit warten, wenn Sie ein neues Fenster in Ihrer Wohnung benötigen und es sich nicht um einen akuten Notfall handelt. Zu den Einflussfaktoren gehören:

- Organisatorische Vorbereitung und Einladung: Maximal eine Woche, wenn es dringend ist.
- Einholung von drei Angeboten: Abhängig von den Handwerkern.
- Gesetzliche Einladungsfrist: Drei Wochen.
- Wartezeit, ob Anfechtungsklage erhoben wurde: Zwei Monate.

Die Online-Eigentümerversammlung

Grundlagen

Seit der WEG-Reform im Jahr 2020 ist die Online-Teilnahme an Ihrer Eigentümerversammlung gesetzlich verankert. Bevor Sie jedoch loslegen können, muss die WEG erst einmal beschließen, dass die Eigentümer sich online zuschalten dürfen. Weiterhin ist vorgeschrieben, dass es immer einen „echten" Versammlungsort geben muss, den Sie aufsuchen können, falls Sie weder einen Internetanschluss noch ein Mobiltelefon besitzen. Es ist also niemals eine reine Online-EV, sondern eine Versammlung an einem bestimmten Ort, zu dem sich einige, manche oder alle Eigentümer aus der Ferne zuschalten können. Auf die rechtlichen Voraussetzungen kommen wir im nächsten Abschnitt noch einmal im Detail zurück. Online-Eigentümerversammlungen sind effizient und nützen allen Beteiligten (ich meine natürlich Online-Zuschaltungen). Und weil sie so praktisch sind, kommt es immer häufiger vor, dass der Verwalter einsam am Laptop sitzt, weil kein Eigentümer mehr persönlich erscheint. Das gilt übrigens besonders für ältere Eigentümer, denen man zu Unrecht fehlende Technik-Affinität nachsagt.

Vorteile

Es hat sich gezeigt, dass Eigentümerversammlungen sehr effizient sind, zu denen Sie sich online zuschalten können. Eigentümer, die weiter entfernt wohnen, sind von Beginn an entspannter, weil ihnen die mühselige Anreise erspart bleibt. Unsere Hausverwaltung betreut z.B. viele Düsseldorfer Gebäude, aber die Eigentümer wohnen ja nicht alle in Düsseldorf oder Umgebung. Fast immer ist jemand dabei, der aus der Ferne anreisen muss. Aber auch die nähere Umgebung kann strapaziös sein: Auf der Strecke zwischen Köln und Düsseldorf ist beispielsweise ständig Stau. Wer von Köln nach Düsseldorf (-city) zur EV fährt, sollte im Berufsverkehr lieber eine Stunde mehr einplanen, weil der nervenaufreibende Weg sehr lange dauern kann. Selbst die Verkehrsverhältnisse *innerhalb* Düsseldorfs sind am späten Nachmittag nicht besonders angenehm. Wer also bisher ständig zu spät zur EV kam, weil er nach dem Stau noch einen Parkplatz suchen musste, für den ist die Online-Teilnahme eine große Erleichterung. Wer online teilnimmt, hat weder Stress noch Zeitverlust durch Hinfahrt, Parkplatzsuche oder Strafzettel.

Auch die Kostenseite spricht für die Online-Teilnahme: Zwar darf niemand von der ortsgebundenen Versammlung ausgeschlossen werden, aber es kann hilfreich sein, wenn der Verwalter um Mitteilung bittet, wer persönlich erscheint. Wenn sich nur sehr wenige Leute ankündigen, ist es möglich, auf die teure Saalmiete zu verzichten, und die wenigen Teilnehmer ins Büro der Verwaltung einzuladen.

Als ich 2020 mit den ersten Online-Eigentümerversammlungen angefangen habe, war ich erstaunt, dass vor allem ältere Leute sehr angetan waren. Dabei liegen die Vorteile für die ältere Generation auf der Hand: Die Technik hat sich schließlich in den letzten Jahren so stark entwickelt, dass man kein Computerspezialist mehr sein muss, um an Videokonferenzen teilzunehmen. Im Gegenteil: Leichte Bedienbarkeit ist zur wichtigsten Anforderung geworden. Als wir in der Corona-Pandemie besorgt waren, uns anzustecken, gehörten viele ältere Leute zur Risikogruppe. Einer meiner Kunden hat die Lungenkrankheit COPD, die viel schlimmer ist als Asthma. Wäre er unter Leute gegangen und hätte sich angesteckt, wäre das lebensgefährlich gewesen. Eine ältere Dame wohnt in Baden-Württemberg und kam schon seit Jahren nicht mehr zur EV, weil die mühsame Anreise nach Düsseldorf ihr einfach zu viel war. Aber es gibt ja auch viele junge und alte Menschen mit körperlichen Behinderungen, denen die persönliche Teilnahme erschwert ist. Und selbst, wenn Sie in Urlaub sind, es aber auf der EV trotzdem ein Thema gibt, bei dem Sie mitreden möchten, können Sie von Mallorca aus dabei sein. Für all diese Menschen wird die Teilnahme an der EV nun endlich wieder so einfach wie seit Jahren nicht mehr.

Viele Eigentümer sind von der Technik beeindruckt und berichten, dass die Online-Teilnahme an einer gut organisierten Eigentümerversammlung so „greifbar" ist wie nie zuvor. Greifbar in dem Sinne, dass man ihnen an ihrem Computerbildschirm zu Hause die Dokumente oder Bilder zeigen kann, über die gerade gesprochen wird. Der Verwalter kann seinen Bildschirm „freigeben", das heißt, für alle Teilnehmer sichtbar machen. Sie können dann z.B. die vorbereiteten Beschlusstexte direkt mitlesen oder der Verwalter zeigt Ihnen am Bildschirm den Energieausweis, die Heizkosten- oder Jahresabrechnung oder eine Rechnung aus der Abrechnung, bei der es Erklärungsbedarf gibt. Ihr Einsichtsrecht in die Verwaltungsunterlagen nach § 18 (4) WoEigG kann richtig anschaulich sein, wenn es auf der EV ausgeübt wird. Der Verwalter kann Ihnen auch Fotos vom Einfahrtsbereich zeigen, wenn dieser neu gepflastert werden soll, oder vom Pflegezustand des Gartens, über den es in letzter Zeit öfters Beschwerden gab.

Deswegen sind Online- (gestützte) Eigentümerversammlungen auch so effizient: Alle Fragen werden ausführlich und anschaulich beantwortet und die Teilnehmer können sich aufs Wesentliche konzentrieren. Schließlich sitzt der Verwalter ja am Computer und hat alle Dokumente digital griffbereit. Daher verlaufen viele Versammlungen – trotz der ausführlichen Beantwortung vieler Fragen – wesentlich schneller, als Sie es von früher gewohnt sind. Wenn sich nur wenige (bis gar keine) Teilnehmer ankündigen, kann die Versammlung im Büro des Verwalters stattfinden. Anstatt die Zeit nach dem Ende der Veranstaltung mit 30 Minuten Heimfahrt zu vergeuden, kann er bereits anfangen, das Protokoll zu finalisieren oder die Guthaben der Jahresabrechnung zu überwiesen, während er normalerweise noch im Auto gesessen hätte.

Glücklicherweise ist die Corona-Pandemie endlich vorbei. Ich persönlich werde auch in Zukunft ständig Hybrid-Veranstaltungen anbieten – einen Beschluss der WEG vorausgesetzt. Immer dann, wenn es jemanden gibt, der nicht selbst im Gebäude wohnt („weit weg" ist ein relativer Begriff), werde ich Ihnen die Möglichkeit bieten, dass Sie sich online zuschalten können, sofern die WEG sich nicht verweigert.

Software

In der Coronazeit haben sich Softwarelösungen für digitale Konferenzen explosionsartig (weiter-) entwickelt. Nun fordert der Gesetzgeber einen WEG-Beschluss über das „ob" und das „wie", also unter welchen (technischen) Voraussetzungen die Eigentümergemeinschaft damit einverstanden ist, die „alternative Teilnahme an einer ortsgebundenen EV über digitale Kommunikationswege" zu erlauben.

Welche Anforderungen an die Software zu stellen sind, mit der Sie Ihre Online-Eigentümerversammlung veranstalten, wird bewusst offengelassen, um künftige technische Entwicklungen nicht kaputtzuregulieren. Trotzdem ist es wichtig, dass gewisse Mindeststandards eingehalten werden. Sowohl auf einer ortsgebundenen als auch auf einer hybriden Eigentümerversammlung muss die Nichtöffentlichkeit gewahrt sein, damit Sie unter sich sind und in Ruhe Ihre Angelegenheiten besprechen können. Unbefugte Dritte dürfen also nicht einfach so die

Kapitel 3: Eigentümerversammlung 129

Möglichkeit haben, zufällig zuzuhören oder unkontrolliert (virtuell) hereinzuspazieren. Wenn die Versammlung auf einer öffentlich einsehbaren Streaming-Plattform stattfinden würde, bei der sich alle möglichen Leute jederzeit ohne Passwort zuschalten könnten, wäre das ein ziemlicher Anfängerfehler. Gut geschützt sind die gängigen Softwarelösungen wie Zoom, Cisco Webex oder Microsoft Teams, die inzwischen auch von Behörden verwendet werden – oder die oftmals überteuerten Branchenlösungen für Verwalter, die auch nicht viel mehr Funktionen bieten. Bei allen genannten Programmen können Sie nur teilnehmen, wenn Sie die Meetingnummer und das Passwort kennen, welches Sie z.B. in der Einladung von der Verwaltung erhalten haben. Damit sich keine unbefugten Dritten online zuschalten, sollte Ihr Verwalter natürlich ein paar Verhaltenshinweise geben, z.B. Sie in der Einladung darauf hinweisen, dass Sie das Passwort nicht weitergeben dürfen – und dass nur im Grundbuch eingetragene Eigentümer oder deren Bevollmächtigte teilnehmen dürfen.

Die Funktionsweise der verfügbaren Softwarelösungen ist immer ähnlich: Für die Teilnahme vom Computer aus genügt es meistens, einen Link anzuklicken, den Sie vom Verwalter bekommen haben. Wenn Sie via Handy oder Tablet teilnehmen, müssen Sie in der Regel vorher eine entsprechende App herunterladen – und dann Meetingnummer und Passwort eingeben. Schon sind Sie dabei – egal, ob Sie gerade auf Ibiza am Strand liegen oder zu Hause im Arbeitszimmer sitzen.

Nach der Anmeldung kann es sein, dass Sie in einem sog. Warteraum landen, von wo aus der Veranstalter Sie dann bald reinlässt. Nun sehen Sie per Video auf Ihrem Bildschirm die Gesichter der anderen Teilnehmer und hören über die Lautsprecher deren Stimmen. Ihr Laptop oder Ihr Handy haben ebenfalls Kamera und Mikrophon, deren Zugriff Sie der App übrigens einmalig erlauben müssen. Hierüber können die anderen Teilnehmer Sie dann ebenfalls sehen und hören. Damit Sie sicher sein können, dass die Technik funktioniert, wird Ihr Verwalter sicherlich vorher eine Probeveranstaltung anbieten, zu der Sie sich nach Belieben einwählen und Ihre Technik ausprobieren können.

Technische Probleme

Jeder, der mal im Aufzug steckengeblieben ist oder einen platten Reifen hatte, weiß, dass technische Probleme immer mal vorkommen können.

Was die Online-Teilnahme an der EV angeht, muss man an den Verwalter und dessen Vorsorgemaßnahmen andere Maßstäbe anlegen als an Sie, denn er ist ja der Organisator.

Aber fangen wir mit Ihnen an: Wir gehen mal davon aus, dass der Verwalter einen Link zur Verfügung gestellt hat, wo Sie Ihre Bild- und Tontechnik vor der Versammlung ausprobieren konnten – und dass Sie das auch getan haben. Wenn jetzt am Abend der Versammlung Ihr Handy streikt oder Sie Verbindungsprobleme haben, werden dadurch trotzdem nicht alle Ergebnisse der Versammlung ungültig. Sie sind leider eben nicht dabei. Beziehungsweise erst später, denn Probleme mit Handy oder Internet bekommt man ja meistens doch irgendwann in den Griff. Rechtlich verhält sich das wie eine Autopanne auf dem Weg zur Versammlung. Dass Sie nicht teilnehmen konnten, gehört eben zur höheren Gewalt. Aber es gibt Schutzmaßnahmen, nämlich rechtzeitig loszufahren – und wenn Sie liegenbleiben, notfalls ein kostenpflichtiges Taxi zu rufen. Auch im Digitalen gibt es solche Schutzmaßnahmen: Ein Zweithandy mit schneller Internetverbindung und einen WLAN-Stick für den Computer zu beschaffen. Wenn am Abend der Versammlung das Internet auf der ganzen Straße ausfällt, weil bei Tiefbauarbeiten versehentlich ein Kabel durchtrennt wurde, können Sie einfach mit dem Handy einen Hotspot erstellen und den Computer verbinden.

Technische Probleme könnten aber auch beim Verwalter auftreten. Bei ihm sind aber ganz andere Maßstäbe anzulegen, da er als Vertreter der WEG auch Veranstalter der Versammlung ist. Die verwendete Technik muss er beherrschen, sei es Zoom, Teams oder Webex. Auch ihm kann es passieren, dass er mit dem Auto liegenbleibt oder sein Computer kaputtgeht. Nur ist er halt für die Veranstaltung verantwortlich, daher muss er die Online-Plattform vorher ausgiebig getestet haben und mit den wesentlichen Systemfunktionen vertraut sein. Sollte Microsoft Teams trotzdem am Abend der EV einen deutschlandweiten Ausfall haben, ist das natürlich nicht seine Schuld. Wohl aber, wenn er die Technik nicht beherrscht und die Eigentümer nicht einmal aus dem Warteraum einlassen kann.

Kapitel 3: Eigentümerversammlung 131

Rechtliche Voraussetzungen einer Online-Eigentümerversammlung

Obwohl er keine spezielle Technik vorschreibt, hat der Gesetzgeber ein paar Grundregeln geschaffen, die es zu beachten gilt, wenn Sie sich online zur Eigentümerversammlung zuschalten lassen möchten.

Grundvoraussetzung: WEG-Beschluss

Am Anfang steht die Erlaubnis: Die WEG muss die Möglichkeit der elektronischen Teilnahme aus der Ferne „ohne persönliche Anwesenheit" zuerst einmal beschließen. Eine *reine* Online-EV ist derzeit gesetzlich noch nicht zulässig, da jeder Eigentümer stets auch die Möglichkeit haben muss, persönlich zur EV zu erscheinen. Weil es so schön praktisch ist, kann es aber vorkommen, dass alle Wohnungseigentümer rein elektronisch teilnehmen und einfach niemand zur Präsenzveranstaltung erscheint. Dann säße der Verwalter allein dort am Versammlungsort. Sie sehen an diesem Extrembeispiel, dass die elektronische Zuschaltung einzelner Teilnehmer in bestimmten Fällen zur reinen Online-Eigentümerversammlung werden kann – wenn sich nämlich alle online zuschalten. Die Online-Eigentümerversammlung ist indirekt eben doch zulässig, solange Sie zu einem bestimmten Ort gehen und persönlich an der EV teilnehmen könnten.

Die WEG muss per Beschluss über das „ob" und das „wie" entscheiden. Sie muss also auch beschließen, wie eine Online-Teilnahme auszusehen hat. Der Gesetzgeber hat nämlich ein „technologieoffenes" Gesetz verabschiedet, bei dem keine bestimmten Hardware- oder Softwarevorgaben gemacht wurden, um künftige technische Entwicklungen nicht kaputtzuregulieren und damit Sie eine Regelung beschließen können, die den Gegebenheiten Ihrer WEG entspricht. So könnte die WEG die groben Rahmenbedingungen beschließen, z.B. dass es eine Software sein muss, bei der man das Meeting nur mit Meetingnummer und Passwort betreten kann, oder dass Video- und Audioübertragung für alle Teilnehmer jederzeit möglich sein müssen, damit Sie immer mitreden können.

Die freie Rede und die Diskussionen miteinander müssen – wie auch bei der reinen Präsenzversammlung – gewährleistet bleiben. Sie müssen also mit Bild und Ton zugeschaltet werden, damit sie jederzeit sprechen, zuhören und gehört werden können. Wenn der Verwalter aber nur seinen Monolog hält und Sie dann nur für die Abstimmung freischaltet und sofort wieder gesperrt werden, wäre das unvereinbar mit dem Grundsatz der Basisdemokratie, der sich durch das ganze WoEigG zieht.

Echter, besuchbarer Versammlungsort

Das Teilnahmerecht auf der Eigentümerversammlung ist eines der Heiligtümer des WoEigG und entsprechend unantastbar. Solange Sie im Grundbuch stehen, haben Sie das Recht, digital oder analog (entsprechend Ihrer eigenen Entscheidung) zur EV zu gehen, mitzureden, sich zu informieren, zu diskutieren und einen Konsens zu finden – und schließlich an der Entscheidung mitzuwirken.

Es muss daher einen physischen Ort geben, an dem Sie erscheinen könnten – ohne dass Ihnen die persönliche Teilnahme in irgendeiner Weise erschwert würde. Niemand darf ausgeschlossen werden, weil ihn eine bestimmte Technologie überfordert. Trotzdem ist es sinnvoll, wenn der Verwalter die Eigentümer um Anmeldung bittet. Das macht man ja auch bei Präsenzveranstaltungen oftmals, um die Größe des Raumes zu planen. Wenn nur sehr wenige Eigentümer persönlich erscheinen, kann die Versammlung auch im Arbeitszimmer des Verwalters stattfinden. Wenn Sie sich spontan doch für eine Teilnahme vor Ort entscheiden, müssen Sie aber trotzdem dort hinkommen können.

Nichtöffentlichkeit

Sowohl bei reinen Präsenzveranstaltungen als auch bei der Online-Teilnahme muss immer die Nichtöffentlichkeit gewahrt bleiben. Es dürfen nur Leute dabei sein, die entweder im Grundbuch eingetragen sind oder eine Vollmacht bekommen haben. Denn nur diese haben ein Teilnahme-, Rede- und Stimmrecht. Die virtuelle „Räumlichkeit" muss so abgeschlossen sein, dass Dritte nicht willkürlich oder zufällig hereinplatzen können, wie es z.B. bei einer unverschlüsselten Übertragung auf einer öffentlichen Streamingplattform der Fall wäre.

Auch wenn ein Eigentümer vom Küchentisch aus teilnimmt, darf niemand direkt daneben sitzen und zusehen und -hören, wenn dieser eben kein Eigentümer ist. Aber man muss die Kirche im Dorf lassen, wenn im Hintergrund spielende Kinder zu sehen sind oder der Ehepartner mal durchs Bild huscht. Nicht jeder Eigentümer hat ein Arbeitszimmer, in das er sich zurückziehen könnte. Mit Ohrstöpseln können Sie sicherstellen, dass das Gespräch von weiteren Personen im Raum nicht zufällig mitgehört wird.

Die Aufgabe des Verwalters ist es, in vertretbaren Maßen zu erschweren, dass Dritte mithören oder zusehen. Das geht z.b. mit einem „geschlossenen" Meetingraum, dessen Zugangsdaten und Passwort nur die Eigentümer in der Einladung mitgeteilt bekommen – mit dem Hinweis, dass diese auf keinen Fall weitergegeben werden dürfen. Es kann natürlich sein, dass sich hinter der Bildschirmkamera jemand verstecken könnte, der kein Eigentümer ist und deswegen in einen echten Versammlungsraum gar nicht reingelassen würde. Man wird aber niemals alle theoretisch nur denkbaren Gefahren ausschließen können, belauscht zu werden – das ist eben so, wenn man neuen Technologien die Tür öffnet.

Bevor nun aber dahingehende „Bedenken" als Vorwand geäußert werden, um die noch unbekannte Art der Eigentümerversammlung um jeden Preis zu verhindern, darf man eines nicht übersehen: Der Gesetzgeber hat die Online-Teilnahme ganz bewusst ins WoEigG aufgenommen, mit dem Ziel, dass es Ihnen möglich ist, sich aus der Ferne zuzuschalten. Es ist nicht Sinn der Sache, diese neue Möglichkeit mit unrealistischen „Sicherheitsmaßnahmen" unnötig zu erschweren. Nicht alles ist gleich rechtswidrig, was mit der neuen Technik zwangsläufig einhergeht, die der Gesetzgeber *ganz bewusst* ins Spiel gebracht hat, um Ihnen zu helfen. Sie brauchen keine Angst vor der Technik zu haben. Probieren Sie es einmal aus – Sie werden die Online-Teilnahme lieben.

Übrige Voraussetzungen „wie immer"

Ansonsten gelten bei Online- bzw. hybriden EVs die gleichen Grundsätze wie bei normalen Versammlungen. Die Einladungsfrist bleibt die gleiche und auch hier müssen alle Themen in der Einladung genannt werden, über die eine Entscheidung per Beschluss gefasst werden soll.

Eine Identitätskontrolle muss grundsätzlich möglich sein, was bei Teilnahme mit Bild und Ton der Fall ist. Auch bei elektronischer Teilnahme wird ein Beschluss durch Stimmauszählung und „Verkündung" des Abstimmungsergebnisses rechtsgültig. Wenn niemand persönlich erscheinen sollte, kann der Verwalter das Protokoll nicht mehr vor Ort von zwei Eigentümern unterschreiben lassen, aber mit Bitte um Unterschrift dem Beirat zuschicken. Die Unterschriften sind auch hier keine Voraussetzung für das Zustandekommen des Beschlusses, denn der entsteht durch Verkündung.

Die „Kennenlern-Eigentümerversammlung" mit Ihrem neuen Verwalter

Eigentümerversammlung bedeutet eigentlich nur, dass die Eigentümer der WEG sich treffen. Damit so ein Treffen auch Sinn macht, werden in der Regel Entscheidungen per Beschluss entschieden, z.b. die Jahresabrechnung verabschiedet oder über den Anstrich der Fassade beschlossen. Am Schluss werden unter dem TOP „Sonstiges" fast immer die Meinungen zu weiteren Themen ausgetauscht, die auf späteren Versammlungen entschieden werden. Es kann aber auch aus anderen Gründen Gesprächsbedarf bestehen, und auch dann macht eine Eigentümerversammlung Sinn, damit Sie sich mit Ihren Nachbarn und der Verwaltung austauschen können. Das kann z.b. nötig sein, wenn Sie sich schon lange vor der Beschlussfassung über eine sehr große Sanierungsmaßnahme gemeinsam Gedanken machen möchten, welche Fragen zu klären sind und welche Wünsche bei der Ausführung berücksichtigt werden sollen.

Ein weiterer Anlass kann auch der Wechsel der Hausverwaltung sein, wenn der neue Verwalter die Themen, Wünsche und Anliegen noch nicht kennt, die in Ihrer Eigentümergemeinschaft beachtet werden müssen. Damit der neue in Ihrem Interesse handelt, und nicht nach Schema F, ist eine Versammlung zum Kennenlernen ungeheuer wichtig. Er muss die Vorstellungen der Eigentümer verstehen, um die Interessen der WEG zu vertreten – und diese sind von Haus zu Haus sehr unterschiedlich.

Unsere Hausverwaltung macht das mit jeder neuen Wohnungseigentümergemeinschaft, um eine Bestandsaufnahme zu haben und sich kennenzulernen. Auf solchen Versammlungen werden keine Beschlüsse gefasst. Es werden die Themen besprochen, die Ihnen wichtig sind, und Sichtweisen und Gedanken ausgetauscht. So eine „Brainstorming-Eigentümerversammlung" schlagen wir unseren neuen Kunden zu Beginn der Verwaltertätigkeit dringend vor, damit wir die gegenseitigen Vorstellungen und Gedanken besser verstehen. Jeder hat die Gelegenheit, seine Wünsche und Ziele in den Raum zu stellen, und mit dem Verwalter, aber auch mit den anderen Eigentümern zu besprechen. Im Idealfall wird so eine Veranstaltung richtig gut vorbereitet. Jeder hat dem Verwalter im Vorfeld seine Themen genannt, und daraus wurde eine Agenda erstellt. So ist es jedem Eigentümer möglich, sich vor der Versammlung Gedanken zu den Themen der anderen zu machen.

Wenn man es nicht tut...

In den ersten Wochen mit einer neuen WEG klingelt üblicherweise das Telefon ununterbrochen, weil viele Eigentümer ihre Themen bei der neuen Verwaltung platzieren und ihre Situation erklären möchten. Das Problem daran: Das macht jeder einzeln. Bei der Verwaltung finden also etliche Einzelgespräche anstelle einer einheitlichen Kommunikation statt. Jeder sagt etwas anderes. Im besten Fall bleibt „nur" ungeklärt, wie andere Eigentümer zu dem Thema stehen. Im schlimmsten Fall mündet es in heillosem Chaos, das der Verwalter sortieren muss. „Wir möchten, dass das Treppenhaus neu angestrichen wird." Wer ist „wir"? Möchten das wirklich alle Eigentümer?

Seit wir Kennenlern-Versammlungen veranstalten, findet dieses Chaos bei uns praktisch nicht mehr statt. Diese Zusammenkunft konzentriert Wünsche und Vorstellungen der Eigentümer auf einen Abend. Zwar erzeugt dies viel zusätzliche Arbeit bei der Verwaltung, vor allem die Vor- und Nachbereitung, aber das war es dann auch. Auf lange Sicht zahlt es sich vielfach aus. Das restliche Durcheinander entfällt, denn die vielen unkoordinierten Einzelgespräche zwischen Eigentümern und Verwaltung finden nicht mehr statt, bei denen allzu oft jeder Eigentümer etwas anderes sagt.

In der Kennenlern-Versammlung hingegen finden gemeinsame Gespräche statt, die dann ohne positive oder negative Wertung mitgeschrieben werden. Wer hat was gesagt, wer hat welche Meinung und was sagen andere dazu? Dinge werden nicht mehr zehnmal erwähnt, und es gibt auch weniger voneinander abweichende Geschichten. Das Protokoll bekommen alle Eigentümer ein paar Tage später. Nun haben Sie eine genaue Übersicht, welche Meinungen es gibt, welche Maßnahmen sich die Eigentümergemeinschaft wünscht, wo es bereits einen Konsens gibt, oder wo noch Klärungs- und Abstimmungsbedarf herrscht. Sie haben den Überblick und wissen, woran Sie sind.

Kapitel 4: Reparaturen

Kapitel 4: Reparaturen 139

Ich möchte meine Eigentumswohnung renovieren – Was muss ich beachten?

Vielleicht möchten Sie nach einigen Jahren in Ihrer Eigentumswohnung renovieren, die Küche oder das Bad erneuern? Es gibt viel zu beachten, aber vor allem sollten Sie zwischen Sonder- und Gemeinschaftseigentum unterscheiden. Mit Ihrem Sondereigentum können Sie nämlich grundsätzlich tun und lassen, was Sie möchten. Wichtig ist, dessen Grenzen zu kennen, denn auch innerhalb Ihrer Wohnung geraten Sie schnell an Gemeinschaftseigentum, z.B. an Fenster oder Balkon. Wenn Sie hieran etwas verändern möchten, brauchen Sie die Zustimmung der Eigentümergemeinschaft.

Die häufigsten Missverständnisse passieren bei Fenstern und Wohnungstür, denn sie gehören zum Gemeinschaftseigentum. Schnell glauben Sie, es wären „Ihre" Fenster, denn sie befinden sich ja in Ihrer Wohnung. Der Gesetzgeber möchte aber das äußere Erscheinungsbild der WEG beschützen, damit nicht jeder Eigentümer neue Fensterrahmen in jeder beliebigen Farbe einbauen kann.

Wenn Sie Ihre Fenster im Rahmen der Renovierungsarbeiten gerne gleich mit erneuern möchten, müssen Sie vorher die WEG um Genehmigung bitten. Weil der Verwalter das nicht alleine entscheiden darf, kann das etwas dauern. Ein Beschluss ist nötig, entweder auf der nächsten EV, oder als Umlaufbeschluss. Beides ist mit Aufwand verbunden, also planen Sie etwas Vorlaufzeit ein.

Ob ein Gebäudeteil Sonder- oder Gemeinschaftseigentum ist, hängt vom Wohnungseigentumsgesetz und von Ihrer Teilungserklärung ab. Laut WoEigG gehören zum Gemeinschaftseigentum auf jeden Fall das Grundstück und

- Gebäudeteile,
- die dem gemeinschaftlichen Gebrauch der Wohnungseigentümer dienen oder
- die für Bestand oder Sicherheit des Gebäudes erforderlich sind oder
- die das äußere Erscheinungsbild des Gebäudes beeinflussen oder
- die nicht zu Sondereigentum erklärt wurden.

Das Gesetz gibt einen Rahmen vor, der immer Vorrang hat. Ergänzend dazu können in Ihrer Teilungserklärung weitere Dinge oder Räume zu Gemeinschaftseigentum erklärt worden sein. Sondereigentum wiederum entsteht nur an Dingen, die in der Teilungserklärung auch ausdrücklich zu Sondereigentum erklärt wurden.

Wenn in Ihrer Teilungserklärung etwas anderes steht, z.b. Fenster zu Sondereigentum erklärt wurden, geht die gesetzliche Regel vor. Die Rechtsprechung hat schon oft entschieden, dass so eine Klausel in eine Regel zur Kostentragung umzudeuten ist. Das bedeutet: Die Fenster bleiben Gemeinschaftseigentum, weil sie das äußere Erscheinungsbild beeinflussen, aber die Kosten der neuen Fenster müssen vom Sondereigentümer selbst getragen werden. Im WEG sind Kosten und Eigentum zwei unterschiedliche Paar Schuhe! Sie müssen also die WEG um Erlaubnis fragen, bevor Sie Fenster, Rollläden oder Wohnungstüren austauschen, müssen diese aber trotzdem selbst bezahlen.

Vielleicht ist Ihre Wohnung in der Teilungserklärung wie folgt beschrieben:

```
Wohnungseigentum Nr. 4:
bestehend aus Anteilen von 118/1000,

verbunden mit dem Sondereigentum an:

a) allen Räumen der Wohnung im 1. Obergeschoß rechts,
   nämlich 1 Diele, 1 Dusche - WC, 1 Abstellraum, 1
          /1 Elternzimmer/
   Kinderzimmer, 1 Bad, 1 Wohn- Eßzimmer, 1 Küche und
   1 Balkon,
b) dem Vorratsraum im Kellergeschoß,

- im Aufteilungsplan jeweils mit Nr. 4 bezeichnet -,
```

Das besagt nun, welche Räume Ihnen gehören. Sie wissen aber noch nicht, welche Gebäudeteile innerhalb dieser Räume vielleicht doch Gemeinschaftseigentum sein könnten, die Sie nicht ohne zu fragen mit renovieren können.

Kapitel 4: Reparaturen 141

An einer späteren Stelle könnte in Ihrer Teilungserklärung ein Abschnitt zu finden sein, der erklärt, was zum Sondereigentum gehört. Ein Beispiel:

> 4.4 Gegenstand des Sondereigentums sind die zur jeweiligen Wohnungs- bzw. Teileigentumseinheit gehörenden Räume, sowie die zu diesen Räumen gehörenden Bestandteile des Gebäudes, die verändert, beseitigt oder eingefügt werden können, ohne daß dadurch das gemeinschaftliche Eigentum oder ein auf Sondereigentum beruhendes Recht eines anderen Wohnungs- bzw. Teileigentümers über das nach § 14 WEG und dieser Teilungserklärung zulässige Maß hinaus beeinträchtigt oder die äußere Gestaltung des Gebäudes verändert wird. Hiernach gehören zum Sondereigentum, soweit vorhanden, insbesondere
>
> 4.41 der Fußbodenbelag und der Deckenputz der im Sondereigentum stehenden Räume einschließlich des Balkonboden- und Terrassenbodenbelages,
>
> 4.42 die nichttragenden Zwischenwände,
>
> 4.43 der Wandputz und die Wandverkleidung sämtlicher, auch der nicht in Sondereigentum stehenden Wände aller zum Sondereigentum gehörenden Räume,
>
> 4.44 die Innentüren und -fenster der im Sondereigentum stehenden Räume,
>
> 4.45 Anlagen und Einrichtungen innerhalb der im Sondereigentum stehenden Räume, soweit sie nicht dem gemeinschaftlichen Gebrauch der Wohnungseigentümer dienen. Danach stehen im Sondereigentum insbesondere Herde, Wasch- und Badeeinrichtungen, Einbaumöbel, Garderoben, Heizkörper sowie die Zu- und Ableitungen der Versorgungs- und Entwässerungsanlagen jeder Art von Hauptsträngen an, soweit diese Gegenstände wesentliche Bestandteile des Grundstücks im Sinne der §§ 93 bis 95 des Bürgerlichen Gesetzbuches sind.

Weil vielen Wohnungseigentümern dieses Wissen fehlt, werden Sonder- und Gemeinschaftseigentum bei Renovierungen oft verwechselt. Unwissenheit schützt leider nicht vor Strafe – und das kann schnell teuer werden. Schauen Sie also lieber einmal zu viel als einmal zu wenig in die Teilungserklärung oder fragen Sie Ihren Verwalter.

Nachfolgende Liste gibt einen Überblick über die Zuordnung verschiedener Gewerke, die im Einzelfall natürlich auch anders geregelt sein können:

Bauteil	Zuordnung
Abwasserleitungen	**Unterschiedlich** • Die Hauptleitungen sind immer Gemeinschaftseigentum, z.B. vertikale Steigleitungen zu den anderen Wohnungen. • Frischwasserleitungen sind bis zur ersten Absperrmöglichkeit (Unterputzventil) Gemeinschaftseigentum. • Abwasserleitungen sind Sondereigentum, bis zum Abzweig in die Haupt- / Fallleitung.
Bad	**Sondereigentum** Fliesen, Badewanne, Armaturen, Waschtisch, Schränke, Dusche usw. können Sie nach Belieben verändern und erneuern lassen. Vorsicht bei den Frischwasserleitungen! Diese sind bis zur ersten Absperrmöglichkeit Gemeinschaftseigentum, weil Ihre Arbeiten ja erst nach der Absperrung die Nachbarn nicht mehr beeinflussen.
Balkon, Anstrich	**Gemeinschaftseigentum** Balkonwände sind Außenwände des Gebäudes und beeinflussen das äußere Erscheinungsbild. Sie benötigen für einen Anstrich die Genehmigung der WEG. Ggfs. sind die Innenseiten der Brüstungswände laut Teilungserklärung Sondereigentum. Trotzdem Vorsicht mit einem auffälligen Anstrich, wenn er von außen – auch von einem anderen Balkon aus – erkennbar ist.
Balkon, Fußbodenbelag	**Sondereigentum** Evtl. abhängig von Ihrer Teilungserklärung, aber der Fußbodenbelag Ihres Balkons gehört fast immer zum Sondereigentum. Vorsicht! Die Abdichtungsschicht unter dem Fußboden ist Gemeinschaftseigentum und schützt die Etage darunter vor Feuchtigkeit.

Kapitel 4: Reparaturen 143

Bauteil	Zuordnung
Decken, Anstrich, Tapete, Putz	**Sondereigentum** Wände und Decken können Sie beliebig verputzen, spachteln, tapezieren und anstreichen lassen.
Elektroinstallation	**Sondereigentum** Ab Ihrer Unterverteilung (Sicherungskasten) ist die Elektroinstallation Sondereigentum und kann beliebig modernisiert werden. Sie können auch zusätzliche Steckdosen oder Lichtquellen installieren lassen. Es versteht sich von selbst, dass Sie nicht selbst werkeln, sondern einen zugelassenen Meisterbetrieb beauftragen sollten.
Fenster, Anstrich der Fensterrahmen **von innen**	**Sondereigentum** Die Innenseiten der Fensterrahmen beeinflussen das äußere Erscheinungsbild des Gebäudes nicht und können von Ihnen grundsätzlich angestrichen oder mit spezieller Texturfolie für Fensterrahmen beklebt werden.
Fenster, Austausch	**Gemeinschaftseigentum** Fenster sind Gemeinschaftseigentum, auch wenn in der Teilungserklärung etwas anderes steht. Einheitlichkeit muss gewahrt bleiben!
Frischwasserleitungen	**Unterschiedlich** • Die Hauptleitungen sind immer Gemeinschaftseigentum, z.B. vertikale Steigleitungen zu den anderen Wohnungen. • Frischwasserleitungen sind bis zur ersten Absperrmöglichkeit (Unterputzventil) Gemeinschaftseigentum. • Abwasserleitungen sind Sondereigentum, bis zum Abzweig in die Haupt- / Fallleitung.
Fußboden	**Sondereigentum** Sie können Ihren Fußbodenbelag beliebig austauschen und neu verlegen lassen. Achtung! Wenn Fliesen rausgestemmt werden müssen, sollten die Handwerker darauf achten, dass keine Fußbodenheizung oder Heizungsrohre beschädigt werden (Gemeinschaftseigentum!).
Fußbodenheizung	**Gemeinschaftseigentum** Fußbodenheizungen liegen im Estrich.

Bauteil	Zuordnung
Fußleisten	**Sondereigentum** Fußleisten können beliebig ausgetauscht werden.
Garten	**Gemeinschaftseigentum** Bei Teilungserklärungen vor 2020 konnte der Garten nur Sondernutzungsrecht sein, d.h. Gemeinschaftseigentum, an dem Sie das ausschließliche Nutzungsrecht besitzen. Ohne Zustimmung der anderen Eigentümer dürfen Sie keine größeren Umgestaltungen vornehmen und z.B. keinen Baum fällen. Etwas anderes gilt nur für Teilungserklärungen ab 2020, und auch nur, wenn der Garten ausdrücklich zu Sondereigentum erklärt wurde.
Gegensprechanlage	**Sondereigentum** Die in Ihrer Wohnung liegende Klingel bzw. Gegensprechanlage ist Ihr Sondereigentum und kann von Ihnen ausgetauscht werden, die Klingel- und Gegensprechanlage draußen dient mehreren Eigentümern und ist Gemeinschaftseigentum.
Heizkörper	**Sondereigentum** Sie können Ihre Heizkörper beliebig austauschen lassen. Wenn hierdurch Luft ins System kommt, müssen Sie das Entlüften der Heizkörper bei Ihren Nachbarn bezahlen.
Heizungsrohre	**Gemeinschaftseigentum** bis zur ersten Absperrmöglichkeit.
Innentüren	**Sondereigentum** Innentüren sind Ihr Sondereigentum und können nach Belieben gestrichen oder ausgetauscht werden.
Klingel	**Sondereigentum** Die in Ihrer Wohnung liegende Klingel bzw. Gegensprechanlage ist Ihr Sondereigentum und kann von Ihnen ausgetauscht werden, die Klingel- und Gegensprechanlage draußen dient mehreren Eigentümern und ist Gemeinschaftseigentum.

Kapitel 4: Reparaturen

Bauteil	Zuordnung
Küche	**Sondereigentum**
	Die Küche mit allen Einbaumöbeln, Elektrogeräten, Waschbecken, Stromanschlüssen usw. ist Ihr Sondereigentum.
	Vorsicht, wenn Sie eine Dunstabzugshaube mit Luftauslass nach draußen anbringen möchten. Sobald Außenwände durchbohrt werden, ist eine Zustimmung der WEG erforderlich!
Lampen	**Sondereigentum**
	Deckenlampen sind immer Sondereigentum und können beliebig ersetzt werden.
	Lampen außen am Balkon könnten das äußere Erscheinungsbild verändern. Ein Blick in die Teilungserklärung hilft. Wahrscheinlich Sondereigentum.
Lichtschalter	**Sondereigentum**
Lüfter, z.B. Ventilator im Bad	**Sondereigentum**
	Der elektrische Ventilator, der oft im Bad zu finden ist, ist Ihr Sondereigentum und kann von Ihnen ausgetauscht werden. Der dahinter liegende Lüftungsschacht, der oft bis zum Dach reicht, ist Gemeinschaftseigentum.
Markise	**Gemeinschaftseigentum**
	Eine Markise beeinflusst das äußere Erscheinungsbild des Gebäudes. Sie darf nur mit Zustimmung der WEG angebracht werden.
Steckdosen	**Sondereigentum**
Türspion	**Gemeinschaftseigentum**
	Das Erscheinungsbild aus dem Treppenhaus gesehen ändert sich, daher ist auch der Einbau eines Türspions von der Genehmigung der WEG abhängig.
Wände, Anstrich, Tapete, Putz	**Sondereigentum**
	Wände und Decken können Sie beliebig verputzen, spachteln, tapezieren und anstreichen lassen.

Bauteil	Zuordnung
Wände, Versetzen	**Unterschiedlich** Tragende Wände sind zwangsläufig Gemeinschaftseigentum und dürfen von Ihnen nicht beschädigt oder versetzt werden. Auch nicht, wenn Sie einen Statiker hinzuziehen oder einen Träger einsetzen. Die Genehmigung der WEG ist zwingend erforderlich. Nichttragende Innenwände dürfen von Ihnen beliebig hinzugefügt oder entfernt werden. Bitte lassen Sie unbedingt von fachlicher Seite prüfen, ob es sich wirklich um eine nichttragende Wand handelt, denn sonst droht großer Ärger.
Wasserleitungen	**Unterschiedlich** • Die Hauptleitungen sind immer Gemeinschaftseigentum, z.B. vertikale Steigleitungen zu den anderen Wohnungen. • Frischwasserleitungen sind bis zur ersten Absperrmöglichkeit (Unterputzventil) Gemeinschaftseigentum. • Abwasserleitungen sind Sondereigentum, bis zum Abzweig in die Haupt- / Fallleitung.
Wohnungstür, Anstrich **von innen**	**Sondereigentum** Von innen können Sie die Wohnungstür grundsätzlich anstreichen oder mit spezieller Folie bekleben, sofern es vom Treppenhaus aus nicht zu erkennen ist.
Wohnungstür, Austausch	**Gemeinschaftseigentum** Wohnungstüren sind zwingend Gemeinschaftseigentum, auch wenn in der Teilungserklärung etwas anderes steht. Einheitlichkeit muss auch im Treppenhaus gewahrt bleiben!

Kapitel 4: Reparaturen 147

Wer zahlt bei Regenwasserschaden?

In Kurzform

- Regenwasserschäden sind grundsätzlich nicht versichert, es sei denn, Sturm oder Starkregen hätten den Wassereintritt verursacht.

- Eine normale Gebäudeversicherung umfasst Schäden aufgrund von Feuer, Leitungswasser, Sturm und Hagel – moderne Versicherungen enthalten auch Elementarschäden, z.B. Starkregen.

- Wenn aufgrund einer sowieso erforderlichen Reparatur Regenwasser durch die Decke kommt, ist das kein Wasserschaden im Sinne eines Versicherungsschadens.

- Sofern die WEG nichts von der Reparaturbedürftigkeit wusste, spricht man von einem Zufallsschaden. Der Eigentümer zahlt selbst die Schäden an seinem Sondereigentum, die Eigentümergemeinschaft zahlt die Schäden am Gemeinschaftseigentum.

Der Schaden

Draußen regnet es unaufhörlich – Sie sitzen in Ihrer Eigentumswohnung und hören in der Wand Wassergeräusche. Hier in der Ecke läuft ganz sicher keine Abwasserleitung, und weil man in *Heizungs*leitungen kein plätscherndes Wasser hört, ist die Sache klar: Niederschlagswasser fließt durch den Hohlraum und macht die Wand nass! Was ist zu tun – und wer bezahlt das?

Frage 1: Wer ist zuständig?

Generell gilt: Die WEG (bzw. der Verwalter) ist für Reparaturen am Gemeinschaftseigentum zuständig, für das Sondereigentum der jeweilige Eigentümer. Der Verwalter muss Schäden der Versicherung melden – wenn ein versichertes Ereignis vorliegt, zahlt diese. Zunächst ist wichtig, der Ursache schnell auf den Grund zu gehen. Bei Ihnen ist Regenwasser aufgrund einer defekten Regenrinne ins Gebäude gelaufen und hat die Ecke eines Zimmers durchnässt.

Frage 2: Ein Schaden für die Gebäudeversicherung?

Ein Telefonat mit der Schadenabteilung bestätigt, was eigentlich klar ist: Der Schaden ist nicht versichert; Regenwasser ist kein „bestimmungswidrig ausgetretenes Leitungswasser". Sturm oder Starkregen wären versichert gewesen, waren aber nicht die Ursache. Ein genauer Blick in die Police zeigt, dass in einer Gebäudeversicherung längst nicht alles versichert ist, sondern nur:

- Feuer,
- Leitungswasser,
- Sturm,
- Hagel und
- (bei zeitgemäßen Versicherungen) auch Elementargefahren.

Zu den Elementarschäden gehört auch Starkregen, aber nur, wenn er die Ursache für den Schaden ist. Wenn ein Sturm mit Windstärke acht das Dach abgedeckt hätte und innen alles nass geworden wäre, würden wir von einem Sturmschaden sprechen.

Schnell ist klar: Es handelt sich um einen Instandsetzungsschaden. Die Regenrinne ist kaputt, obwohl der Dachdecker einmal jährlich die Dachkontrolle macht. Die WEG hat das beauftragt, sie trifft keine Obliegenheitsverletzung. Weder von der Versicherung noch von der WEG können Sie Geld für die Reparatur erwarten. Die WEG ist jedoch zuständig für Trocknung und Reparatur des Gemeinschaftseigentums – und das Abstellen der Ursache.

Frage 3: Was zahlt die Eigentümergemeinschaft?

Anders als im Mietrecht gibt es im Wohnungseigentumsrecht keine verschuldensunabhängige Haftung. Weder Sie, noch die WEG haben die Beschädigung verursacht oder konnten etwas von einem Schaden ahnen. Von oben war die Rinne augenscheinlich in Ordnung, das bestätigen auch Fotos von der letzten jährlichen Dachkontrolle – der Schaden ist entstanden, ohne dass jemand fahrlässig gehandelt hätte. Hier sprechen wir von einem sog. „Zufallsschaden". So nennt man es, wenn ein Schaden das Sondereigentum betrifft, ohne dass die WEG ein

Kapitel 4: Reparaturen

Verschulden trifft, sie also nicht entgegen besserem Wissen eine Reparatur vertrödelt hat. Nun gilt die gesetzliche Regelung: Die WEG bezahlt Reparaturen am Gemeinschaftseigentum, die Eigentümer zahlen die Reparaturen am Sondereigentum. Wenn der Verwalter getrödelt hätte, obwohl er von einem Schaden wusste oder seinen Fürsorgepflichten nicht nachgekommen wäre (z.b. unterlassene Dachkontrolle), denn hätte hingegen die WEG bzw. der Verwalter für den Schaden aufkommen müssen.

Frage 4: Wie werden die Kosten verteilt?

Nun liegen folgende Schäden vor:

- Die Regenrinne muss repariert werden,
- die Gebäudewand ist nass und muss getrocknet werden,
- außerdem müssen Wasserflecken an den Wänden nach Trocknung überstrichen werden.

Regenrinnenreparatur und Trocknung des Mauerwerks

Der WEG-Verwalter muss schnellstmöglich die Regenrinne reparieren lassen, damit kein weiterer Schaden entsteht. Weil das Mauerwerk (Gemeinschaftseigentum) nass ist, muss schnell ein Trocknungsgerät her.

Anstrich der Wände

Zum Schluss sind getrocknete, gelbe Feuchtigkeitsflecken an den Wänden übrig. Der Maler misst mit einem Feuchtigkeitsmessgerät, ob alles trocken genug ist, bevor er die Wände streicht. Innenputz und -anstrich sind Sondereigentum. Reparaturen an Ihrem Sondereigentum werden in diesem Fall weder von der Versicherung, noch von der WEG getragen.

Süchtig nach Angeboten, blind für den Rest

Wem ein Gebäude gehört, der muss es auch instand halten. In Wohnungseigentümergemeinschaften gibt es jedoch einiges an Abstimmungsbedarf zu beachten. Zwar darf nur der Verwalter Aufträge erteilen, aber die Eigentümerversammlung entscheidet, wer in welchem Kostenrahmen beauftragt werden soll. Der Verwalter muss Vorarbeit leisten, um den Instandsetzungsbedarf festzustellen und Eigentümer über Reparaturmöglichkeiten zu informieren.

Dazu gehört es auch, mehrere Angebote einzuholen. Die Grundidee dahinter ist einfach: Wenn man drei Angebote für die gleiche Leistung hat, erkennt man den fairen Marktpreis. Sie können vergleichen und den Billigsten beauftragen. Soweit die Theorie. Bei einfachen Sachen (z.b. Anstrich Treppenhaus) kann man das auch so machen.

Die Suche nach drei Angeboten kann aber ziemlich anstrengend sein. Viele gute Handwerker reißen sich nicht gerade um Eigentümergemeinschaften, denn sie wissen auch, dass WEGs drei Angebote einholen und den Billigsten beauftragen werden. Gute Handwerker lassen sich immer seltener darauf ein, schließlich wissen sie, dass der niedrigste Preis gewinnt. Wenn ein Hausverwalter anfragt, weiß jeder Handwerker, was gerade abläuft. Für den Verwalter besonders blöd: Wenn zu viele Angebote nicht beauftragt werden, sind Handwerker irgendwann nicht mehr bereit, weiterhin Angebote abzugeben.

Außerdem gehen viele alte Handwerker in den Ruhestand, und „Generation Z" will lieber Blogger oder Influencer werden. Nur leider sterben hierdurch die Handwerker aus.

Selten sind die Angebote wirklich vergleichbar. Handwerker bieten unterschiedliche Leistungen an. Weil die Angebotserstellung für den Kunden meistens kostenlos ist, führen sie selten Untersuchungen durch. Niemand möchte mehr Arbeit als nötig investieren. Am Ende beauftragt die WEG den Günstigsten. Vielleicht hat er auch bewusst Positionen vergessen, um der Billigste zu sein und den Auftrag zu bekommen. Möglicherweise droht während der Ausführung das erste Nachtragsangebot. Ob der Handwerker das Problem hundertprozentig verstanden hat, sehen Sie, wenn er fertig ist.

Kapitel 4: Reparaturen 151

Der Verwalter ist kein Architekt

Selbst bei großen Bauprojekten gibt es immer wieder bestimmte Eigentümer, die sich das Geld für die fachkundige Planung lieber sparen möchten. Ein Architekt sei doch überhaupt nicht nötig, brauchen wir nicht, hört man dann auf den Eigentümerversammlungen. Und so glauben manche Wohnungsbesitzer, dass WEG-Verwalter eine Berufsqualifikation besitzen, die einem Architekten gleichgeordnet ist. Das ist nicht nur kurzsichtig, sondern sehr gefährlich.

WEG-Verwalter ist ein kaufmännischer Beruf. Warum sollte er die Bauleitung übernehmen? Sein Job ist es, Eigentümerversammlungen zu organisieren, die Buchhaltung im Griff zu haben und eine klare und verständliche Jahresabrechnung zu erstellen. Er kümmert sich um Konten, Abrechnung, Aufträge, Mahnwesen, Nachhalten von Terminen, organisiert Versammlungen, Besprechungen und Umlaufbeschlüsse, erstellt Ihre Steuerbescheinigungen und erklärt Ihnen das Stimmrecht und die Formalitäten auf der Versammlung, informiert und kommuniziert. Sein Job ist es, alle Belange Ihres Hauses zusammenzuführen und Sie ständig auf dem Laufenden zu halten. Aber er hat weder Architekturstudium noch alltägliche Baustellenerfahrung.

Manchmal überfordern größere Instandhaltungsmaßnahmen die Eigentümergemeinschaft – nicht nur finanziell, sondern auch inhaltlich. Damit die Maßnahme gutgeht, braucht man kompetente Beratung. Ein Fachmann mit Routine und Erfahrung muss her. Ein Fachplaner, der meist nach Stundenhonorar bezahlt wird. Also jemand, der tagein tagaus nichts anderes macht, als Instandhaltungsmaßnahmen zu planen und zu begleiten. Anstatt so jemanden mit einer gründlichen Diagnose (und später mit der Planung der Maßnahme) zu beauftragen, haben „kostensensitive" Kapitalanleger manchmal etwas andere Vorstellungen: Sie verwechseln den Verwalter mit einem Hochbauingenieur und erwarten von ihm die Beschaffung von mehreren Reparaturangeboten und deren Vergleich. Das kann sogar sinnvoll sein, wenn es um überschaubare Vorgänge geht, z.B. den Anstrich eines Treppenhauses oder die Reparatur vom Tiefgaragentor. Aber bei komplexeren Maßnahmen sind die Angebote der Handwerker selten vergleichbar! Zudem müssen ja die Angebote von mehreren Gewerken zusammengeführt werden, wenn es um eine komplexe Maßnahme geht. Vielleicht müssen Gerüstbauer und Dachdecker zusammenarbeiten und sich absprechen? Wurden wirklich alle Leistungen bedacht und angeboten?

Architekten und Ingenieure durchlaufen ein mehrjähriges Studium an einer Fachhochschule oder Universität und müssen bestimmte Voraussetzungen erfüllen, um Mitglied in der Berufskammer zu werden. Um als Bauplaner zugelassen zu werden, müssen sie eine teure Berufshaftpflichtversicherung abschließen, die es für Verwalter nicht gibt.

Der Architekt kennt auch die juristischen Zusammenhänge, z.B. Unfallverhütungsvorschriften, Hinweispflichten gegenüber Nachbarn, Brandschutzvorschriften, Abnahme. Muss man die Baustelle beim Amt anmelden? Welche Beschilderung muss man aufstellen? Der Architekt weiß, was zu tun ist. Wussten Sie, dass Verstöße grundsätzlich auf Sie als Eigentümergemeinschaft zurück fallen? Als Bauherr ist die WEG Träger von Rechten und Pflichten – und verantwortlich. Jeder Eigentümer haftet im Außenverhältnis persönlich.

Sobald mehrere Gewerke im Spiel sind (Elektriker, Maurer, Gerüstbauer, Maler, Dachdecker, ...), ist Koordinationsarbeit nötig. Ohne fundierte Baukenntnisse geht das schief: Plötzlich fällt während der Bauarbeiten auf, dass irgendwas doch nicht so läuft, wie geplant. Schlecht geplant? Naja, manche Handwerker geben ein möglichst günstiges Angebot ab, um den Zuschlag zu bekommen. Dass der Verwalter nicht alle Details durchblickt, wissen viele ganz genau. Und dann kommt das Nachtragsangebot – während der laufenden Bauarbeiten. Nun will es keiner schuld sein. Und jetzt? Völlig unerwartet oder nicht – es muss sofort entschieden werden, wie es weitergeht. Denn das Gerüst steht bereits und kostet für jeden Tag der Standzeit Miete. Erpressung? Meinetwegen, aber keiner der Handwerker wird sich den Schuh anziehen – es war eben bei Angebotserstellung „nicht absehbar".

Größere Baumaßnahme? Immer mit einem Architekten!

Ihre WEG hat beschlossen, die Fassade anstreichen zu lassen. Sie haben aber keine einfache, glatt verputzte, homogene Fassade. Nein, Ihr Gebäude ist eleganter, hat viele Vorsprünge, Erker, Loggien, Markisen, Ecken, Winkel, Gitter, Zierelemente, Regenrinnen, Fallrohre und vieles mehr. Daher wird das Projekt sehr umfangreich. Wenn zwei oder mehr Gewerke beteiligt sind (z.B. Maler, Gerüstbau und Dachdecker), sollten Sie ein Bauprojekt nicht ohne Architekten bzw. fachkundige Planung durchführen. Gleiches gilt, wenn die voraussichtlichen Kosten eine gewisse Größenordnung überschreiten. Einfach einen Anstreicher zu beauftragen, könnte ins Auge gehen. Aber wofür brauchen Sie einen Architekten und was macht er?

Erstens: Die Planungsphase

Er macht die Angebote vergleichbar, indem er ein Leistungsverzeichnis erstellt und bei den Firmen Preise für die Einzelpositionen abfragt. Sie können sich das als „Blanko-Angebot" vorstellen, das er an die Handwerker schickt, damit sie es mit ihren Preisen ausfüllen. Das Ergebnis sind mehrere vergleichbare Angebote und ein übersichtlicher Preisspiegel in Tabellenform.

Der Verwalter könnte zwar auch selbst Angebote bei Handwerkern einholen. Aber man würde schnell erkennen, dass sie nicht vergleichbar sind. Schon komisch, dass sich Preise und Leistungen so stark unterscheiden – beim Anstrich der gleichen Fassade. Da muss es Leistungsunterschiede geben. Aber wo muss man sie suchen? Welche Details darf man auf keinen Fall übersehen? Nicht nur die Preise, sondern auch die enthaltenen Positionen weichen meist deutlich voneinander ab. Der eine Maler setzt vielleicht 14 Stunden für Abklebearbeiten an, der andere aber 18. Auch das Aufmaß der anzustreichenden Fläche wird bei verschiedenen Betrieben unterschiedlich sein. Die eingeholten Angebote sind Ausführungsvorschläge – und damit nicht vergleichbar.

Zweitens: Ausführungsphase und Abnahme

Der Architekt übernimmt auch die Bauleitung und überwacht die Baustelle. Das ist sehr wichtig. Denn leider kommt es regelmäßig vor, dass Handwerker es ansonsten ausnutzen, dass ihr Gegenüber einen anderen Beruf erlernt hat. So versucht man, Ihnen Nachtragsangebote aufzubinden, die angeblich nicht absehbar waren. Der Bauleiter hat Erfahrung am Bau und lässt sich keinen Bären aufbinden. Ohne ihn sehen Sie schnell alt aus.

Aber auch die Abnahme ist wichtig. Hier prüft der Auftraggeber, ob die geschuldete Leistung vertragsgerecht erbracht wurde. Die Abnahme ist die Bestätigung des Auftraggebers, dass die Anforderungen erfüllt wurden, keine wesentlichen Mängel vorliegen und alles in Ordnung ist. Wenn ein kaufmännischer Verwalter ohne technische Ausbildung meint, er müsste die Abnahme alleine machen, kann er leicht etwas übersehen. Nach der Abnahme muss die WEG aber dem Handwerker beweisen, dass der Mangel schon da war. Schwer zu erklären, warum der Mangel bei Abnahme nicht gerügt worden ist. Alles spricht dafür, sich fachkundige Unterstützung zu holen.

Ein paar Anekdoten aus meinem Berufsleben.

- „Oh, diese Arbeiten haben wir nicht mit eingerechnet. Wollen Sie die Balkone denn wirklich auch von innen angestrichen haben? Das war leider nicht absehbar, sorry, das hätten Sie sagen müssen. Hier ist das erste Nachtragsangebot – 20.000 EUR."

Oft wird der Spieß einfach umgedreht. Man holt sich doch einen Handwerks-Meisterbetrieb ins Haus, um sich beraten zu lassen! Und nicht, damit man ihm Selbstverständlichkeiten aus der Nase ziehen muss. Mit der Erstellung eines klaren Leistungsverzeichnisses liegt es in der Verantwortung des Architekten, zu prüfen, welche Positionen dabei sein müssen und welche ausgelassen werden können – im Zweifel kann man die WEG ja fragen. Als kaufmännischer Verwalter kann man schnell etwas übersehen.

Kapitel 4: Reparaturen 155

- „Sie können sich in Ruhe überlegen, ob Sie das Nachtragsangebot beauftragen möchten. Wir sind aber ab nächster Woche in Betriebsferien. Währenddessen steht das Gerüst hier rum und kostet 400 EUR pro Woche."

  Zu gerne bauen Handwerker Zeitdruck auf, damit die Kunden sich nicht mit den rechtlichen Gegebenheiten auseinandersetzen können, und kurzerhand den Auftrag erteilen müssen, um den finanziellen Schaden einzudämmen.

- „Leider waren weitere unabsehbare Arbeiten notwendig. Sie waren telefonisch nicht erreichbar, deswegen haben wir einfach gemacht. Unseren Preisrahmen von 20.000 EUR mussten wir leider minimal überschreiten. Hier die Rechnung über 24.000 EUR. Sorry, leider 20% teurer, ging nicht anders. Den Skonto gewähren wir übrigens nur, wenn Sie binnen sieben Tagen zahlen."

  Oftmals erteilen Handwerker sich die Aufträge einfach selbst, weil der Verwalter angeblich telefonisch nicht erreichbar war – was ja kaum nachweisbar ist. Oder es wird behauptet, dass eine bestimmte Person bzw. „der Beirat" die Aufträge mündlich erteilt hätte, aber der Name leider entfallen sei.

- Es kann auch vorkommen, dass das Ordnungsamt mal zur Kontrolle vorbeikommt, um zu sehen, ob auch alle Vorschriften eingehalten wurden (z.B. Dixi-Toilette, Baustellenschild, ...). Der Handwerker ist nämlich nur für sein eigenes Gewerk verantwortlich. Wenn es übergreifende Vorschriften gibt, obliegen diese dem Bauherrn, also der WEG. Wenn mehr als ein Gewerk involviert ist und nicht aus einer Hand geliefert wird (z.B. Maler und Gerüstbau), sollte die WEG das Risiko nicht eingehen, ohne fachkundige Planung zu agieren, da man nicht alle gesetzlichen Vorschriften kennen kann, wenn man nicht vom Fach ist.

- Plötzlich tauchen unvorhersehbare Arbeiten auf, für die ein Handwerker eines anderen Gewerks benötigt wird. Beim Anstrich fällt vielleicht auf, dass die Fassadenbeleuchtung entfernt und später neu verkabelt werden muss. Ein Architekt hätte das absehen können, wir aber nicht. Jetzt brauchen wir einen Elektriker, und zwar schnell. Der kann aber frühestens nächste Woche kommen, weil er ebenfalls Auftragsflut hat. Bis dahin steht die Baustelle still. Nichts zu machen.

- Das schlimmste ist, dass die Rücklage nicht ausreicht, weil der Handwerker sich „verkalkuliert" hat. Vielleicht wollte er ja der Billigste sein, um den Zuschlag zu bekommen? Der Verwalter muss kurzfristig eine Eigentümerversammlung einberufen, Ihnen das alles erklären und Sie kurzfristig um eine Sonderumlage bitten. Das macht keinen Spaß und war vermeidbar.

Zwar können unvorhergesehene Mehrkosten auch auftauchen, wenn das Vorhaben von einem Architekten begleitet wird. Aber mit jahrelanger Berufs- und Bauerfahrung hat er die besseren Chancen, zu erkennen, ob man ihm einen Bären aufbinden will oder ob ein Nachtrag seine Berechtigung hat.

Sein Hauptjob beginnt schon bei der Grundlagenermittlung und Erstellung des Leistungsverzeichnisses. In Gesprächen mit Verwalter, Beirat und später auch der Eigentümerversammlung klopft er die üblichen Punkte ab und fragt, ob sie gewünscht sind und berücksichtigt werden sollen. Dazu gehören so simple Fragen wie, ob die Innenseiten der Balkone auch gestrichen werden sollen, wie es mit den Fensterrahmen aussieht und was mit der Fassadenbeleuchtung geschehen soll. Ansonsten wird es schnell passieren, dass ein Handwerksbetrieb die selbstverständlichsten Punkte außen vor lässt, damit er der Billigste ist und den Zuschlag bekommt – nur um später mit großen Nachkalkulationen um die Ecke zu kommen.

Kapitel 5: WEG-Reform 2020: Neue Bedingungen

Kapitel 5: WEG-Reform 2020: Neue Bedingungen 159

Frischer Wind

Das Wohnungseigentumsgesetz wurde das letzte Mal 2007 reformiert und ist mit den Jahren etwas eingestaubt. Auch die gesetzlichen Rahmenbedingungen müssen mit der Zeit gehen und sich anpassen. Das ist im Dezember 2020 geschehen.

Viele Eigentümer haben den Wandel vielleicht nur am Rande mitbekommen. Wussten Sie, dass nun praktisch alle Beschlüsse mit einfacher Mehrheit gefasst werden können? Weil die alten Regeln so viele Jahre galten, haben wir uns daran gewöhnt und evtl. nicht alle Änderungen mitbekommen. Deswegen werden sie hier noch einmal wiedergegeben, damit Sie wissen, wie die neue Rechtslage ist.

Früher durften Sie bspw. keine Markise anbringen, wenn auch nur ein Eigentümer dagegen gestimmt hat. Aber nicht nur diese, auch viele andere Anpassungen an den Stand der Technik, wie z.b. eine Klimaanlage, eine Photovoltaikanlage oder ähnliche Dinge konnten von einem einzelnen Querulanten blockiert werden – Sie konnten nichts ausrichten. Auch Ihr Garten konnte nie Ihnen gehören, er war bestenfalls ein Sondernutzungsrecht. Oder bloßes Gemeinschaftseigentum. Und an Online-Versammlungen war überhaupt nicht zu denken.

Der Gesetzgeber hat wirklich hingeschaut, die aktuellen Probleme deutscher Wohnungseigentümergemeinschaften erkannt und reinen Tisch gemacht. Die neuen Regeln bieten deutliche Verbesserungen, damit z.B. Beschlüsse rechtssicher und mit Mehrheit gefasst werden können, damit aber auch privilegierte bauliche Veränderungen für eine kleine Gruppe innerhalb der Eigentümergemeinschaft möglich sind. Ohne gleich alle Eigentümer zur Kasse zu bitten, unabhängig davon, ob sie die Neuerung nutzen. Wenn sich z.B. nur ein paar Eigentümer eine E-Mobility-Infrastruktur wünschen, ist es nun möglich, sie zu einer Untergemeinschaft zu ernennen, damit nur diese die Technik bezahlen muss und benutzen darf. Wer später dazu kommt, muss sich nachträglich an den Kosten beteiligen.

Außerdem findet der aktuelle Stand der Technik Einzug ins WoEigG, indem Sie z.B. online zur Eigentümerversammlung zugeschaltet werden können. Praktisch alle Neuerungen sind wirklich sehr nützlich und bringen Vorteile für Eigentümergemeinschaften, die es sich nicht leisten können, auf der Stelle zu treten. In diesem Kapitel finden Sie einen Überblick über die neuen Möglichkeiten und einen Vergleich zur alten Rechtssituation.

Kapitel 5: WEG-Reform 2020: Neue Bedingungen　　　　161

Die neuen Regeln – Eine Zusammenfassung

Endlich! Am 01.12.2020 wurde das neue WoEigG geboren. Auf den nächsten Seiten finden Sie eine kurze Zusammenfassung der neuen Regeln, bevor wir später zu den einzelnen Punkten ins Detail gehen.

Eigentümerversammlung

Die Einladungsfrist wurde von zwei auf drei Wochen verlängert. Der Hintergrund erschließt sich mir nicht. Nach wie vor handelt es sich um eine Soll-Frist, die bei Dringlichkeit abgekürzt werden kann. Die Einladung zur EV kann nun auch in Textform versendet werden, also z.B. per E-Mail.

Unabhängig von Anzahl oder Miteigentumsanteilen der Erschienenen ist die Eigentümerversammlung jetzt immer beschlussfähig. Früher mussten mindestens 50% der Miteigentumsanteile erschienen sein, ansonsten musste es eine Zweitversammlung mit gleicher Tagesordnung geben. Die ist jetzt Geschichte. Beschlüsse können gefasst werden, wann immer ein Thema in der Einladung stand und auch nur ein einziger Eigentümer erscheint oder eine Vollmacht erteilt.

Daneben hat sich auch das Stimmrecht verändert. Die „doppelt qualifizierte Mehrheit" gibt es nicht mehr, höchstens in Ihrer Teilungserklärung – dann würde sie gültig bleiben. Abgesehen von Sonderfällen bei baulichen Veränderungen können Sie nun fast jeden Beschluss mit einfacher Mehrheit fassen.

Vereinfachter Umlaufbeschluss

Anstatt auf der Eigentümerversammlung kann man einen Beschluss auch als Umlaufbeschluss fassen. Das ist der sogenannte Unterschriftenzettel, den früher aber 100% der Eigentümer unterschreiben mussten, damit er zustande kam.

Von nun an entfällt die Schriftform, das heißt, eine eigenhändige Unterschrift aus Tinte ist nicht mehr nötig. Sie können jetzt auch in Textform zustimmen, also per Mail oder Fax – das vereinfacht den Vorgang erheblich, schon allein, weil Sie keine Briefmarken mehr kaufen müssen und der Weg zum Briefkasten entfällt. Die WEG kann nun für viele Sachverhalte die Formen und Fristen verkürzen, damit sinnvolle Entscheidungen entkompliziert werden. Trotzdem müssen 100% der Eigentümer zustimmen.

Falls die EV sich bereits mit einer Sache befasst hat, aber nicht alle Details beschlossen hat, können Sie einen Umlaufbeschluss mit einfacher Mehrheit fassen. Aber Vorsicht – das gilt wirklich nur für ausgewählte Sachverhalte, bei denen diese Vorgehensweise auf der EV besprochen wurde.

Online- (Zuschaltung zur) Eigentümerversammlung

Ab sofort können Sie sich online mit Bild und Ton zu einer ortsgebundenen Versammlung zuschalten lassen. Im Extremfall bedeutet das, dass auch eine reine Online-Versammlung zulässig ist, sofern zumindest ein echter Versammlungsort zur Verfügung stünde. Denn ein Sonderfall der Online-Zuschaltung von manchen Eigentümern zur ortsgebundenen EV ist die Zuschaltung *aller* Eigentümer, so dass der Verwalter ganz alleine am Versammlungsort sitzt. Auch wenn das nicht unbedingt das Ziel des Gesetzgebers gewesen ist.

Die Online-Zuschaltung bietet wirklich viele Vorteile. Sie vermeiden den Stress im Berufsverkehr, die mühsame Parkplatzsuche und möglicherweise kann ein kleinerer Versammlungsort reserviert werden, der weniger kostet. Für Eigentümer, die weit weg wohnen oder gesundheitliche Einschränkungen haben, ist die Teilnahme erst jetzt ohne größere Hindernisse möglich.

Kapitel 5: WEG-Reform 2020: Neue Bedingungen

Die Beschlusssammlung bleibt

In dieser finden Sie alle vergangenen Beschlüsse Ihrer WEG. Der Verwalter ist gesetzlich verpflichtet, sie zu führen. Es wurde überlegt, sie abzuschaffen, was glücklicherweise nicht passiert ist. Auch nach neuem Recht muss der Verwalter sie weiterhin führen. Richtig so! Denn sie ist ein wichtiges Informationsinstrument für Interessenten bzw. Wohnungskäufer.

Transparenzgebot!

Wenn ein Verwalter keine Lust hat, Ihnen weiterzuhelfen, war es bisher ein beliebter Trick, Ihr Anliegen aufgrund von „Datenschutz" abzuschmettern. Auch berechtigte Informationsbedürfnisse wurden leider oftmals verwehrt, obwohl jedem WEG-Verwalter klar sein müsste, dass Wohnungseigentümer Mitglieder derselben Vermögensgemeinschaft sind – und kein Mieter ohne Mitspracherecht. Nun wird Ihr berechtigtes Interesse in §18 Abs. 4 des neuen WoEigG klargestellt:

> „Jeder Wohnungseigentümer kann von der Gemeinschaft der Wohnungseigentümer Einsicht in die Verwaltungsunterlagen verlangen."

Warum „von der Gemeinschaft"? Weil der Verwalter immer als gesetzlicher Vertreter der WEG handelt. Er ist das ausführende Organ für die Bereitstellung der Unterlagen, wenn Sie Einsichtnahme verlangen.

Beirat

Der Verwaltungsbeirat – das ist eine Gruppe von Eigentümern, deren „Job" es ist, den Verwalter bei der Durchführung seiner Aufgaben zu unterstützen und zu überwachen. Früher bestand er zwangsläufig aus drei Eigentümern, selbst bei einer WEG mit fünf Wohnungen. Nun kann er aus beliebig vielen (oder wenigen) Eigentümern gebildet werden. Nach wie vor ist es die Hauptaufgabe des Beirats, den Verwalter bei der Durchführung seiner Aufgaben zu unterstützen und die Jahresabrechnung zu prüfen. Neu ist, dass der Beirat die WEG gegenüber dem Verwalter vertritt. Hier hat sich der Gesetzgeber etwas missverständlich ausgedrückt, was sicherlich zu Streitigkeiten mit manchen Beiräten führen wird. „Vertreten" bedeutet nämlich nicht, dass er dem Verwalter gegenüber für die Eigentümergemeinschaft Entscheidungen treffen darf. Denn der Beirat kann sich bei Zuwiderhandlung sogar schadenersatzpflichtig machen. Aber auch der Verwalter darf keine *weitreichenden* Entscheidungen treffen. Das Entscheidungsorgan einer WEG ist und bleibt die Eigentümerversammlung im Mehrheitsprinzip.

Bauliche Veränderungen

Der Begriff darf nicht mit Renovierungen wie z.B. einem Neuanstrich verwechselt werden. Unter einer baulichen Veränderung im Sinne des WoEigG versteht man größere Änderungen, die keine Erhaltung oder Wiederherstellung sind, z.b. den nachträglichen Einbau einer Markise oder einer Klimaanlage.

Die erforderliche Stimmenmehrheit wurde wesentlich verändert: Früher durfte bei der Beschlussfassung kein einziger Eigentümer dagegen stimmen, sonst scheiterte der Beschluss. Von nun an genügt die Zustimmung mit einem einfachen Mehrheitsbeschluss.

Allerdings schiebt der Gesetzgeber *grundlegenden Umgestaltungen* einen Riegel vor. Die Mehrheit der Eigentümer kann also nicht fordern, dass ein Aussichtsturm aufs Dach oder ein Personenaufzug in den Hof gebaut wird. Grundlegende Umgestaltungen können nicht mit Mehrheit beschlossen werden, hierzu braucht man immer noch das Einverständnis aller – in Form eines Vertrages, der sog. Vereinbarung.

Bisher wurden die Kosten von Baumaßnahmen grundsätzlich immer nach Miteigentumsanteil auf die Eigentümer verteilt. Nun ist es etwas diffiziler: Nur die Eigentümer, die mit „ja" gestimmt haben, müssen sich an den Kosten von baulichen Veränderungen beteiligen. Der Gesetzgeber geht scheinbar von einer knappen Mehrheit aus, denn es gibt eine Ausnahme: Wenn mehr als zwei Drittel der abgegebenen Stimmen *und* mehr als die Hälfte der Miteigentumsanteile mit „ja" stimmen, dann werden eben doch alle Wohnungseigentümer an den Kosten beteiligt – diese werden wie früher nach ihren Miteigentumsanteilen auf sie verteilt. Die folgende Grafik zeigt die neue Kostenregelung für Beschlüsse über bauliche Veränderungen:

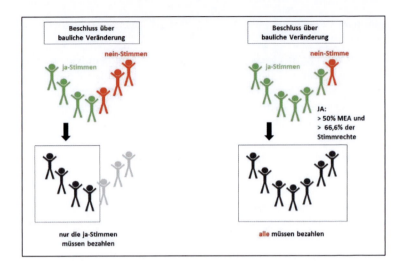

Privilegierte bauliche Veränderungen

Bestimmte Maßnahmen, die der Gesetzgeber fördern möchte, genießen ein Vorrecht. Man nennt sie privilegierte bauliche Veränderungen, darunter versteht man

- Ladestationen für elektrische Fahrzeuge
- Einbruchschutz
- Telekommunikationsanschluss mit hoher Kapazität (Glasfaser)
- Maßnahmen zur Barrierefreiheit

Auch wenn die Eigentümergemeinschaft so eine Maßnahme nicht mit Mehrheit beschließt und umsetzt, kann jeder Eigentümer von nun an verlangen, dass die WEG ihm gestattet, auf eigene Kosten eine „privilegierte bauliche Veränderung" durchzuführen.

WEG-Verwalter

Bisher existierte ein gesetzlicher Katalog, welches die Aufgaben des WEG-Verwalters sind. Jetzt nicht mehr. Der Verwalter kann die WEG im Außenverhältnis nun uneingeschränkt vertreten, z.B. einen Handwerker mit der Reparatur der Heizung beauftragen. Anders verhält es sich im Innenverhältnis: Die WEG kann und sollte beschließen, was der

Verwalter alleine entscheiden darf, also wofür er gegenüber den Eigentümern geradestehen muss.

Folgende Dinge, die der Verwalter entscheiden darf, können laut Gesetz nicht eingeschränkt werden:

- Maßnahmen „zur Wahrung einer Frist oder zur Abwendung eines Nachteils",
- Gerichtliche Durchsetzung von Hausgeldforderungen sowie
- Maßnahmen von „untergeordneter Bedeutung", die „nicht zu erheblichen Verpflichtungen führen".

Jederzeitige Abberufung des Verwalters

Der Verwalter kann jederzeit abberufen werden (und er kann sein Amt jederzeit niederlegen). Der Verwaltervertrag ist bekanntlich vom Verwalteramt, also der Bestellung des Verwalters, zu trennen. Der Anspruch auf Vergütung endet spätestens sechs Monate nach der fristlosen Abberufung/Niederlegung.

„Dreidimensionale Sondernutzungsrechte"

Jetzt können auch Freiflächen zu Sondereigentum erklärt werden, z.B. der Garten der EG-Wohnung. Bisher war für Ihre Gartenfläche nur die Eintragung eines Sondernutzungsrechtes erlaubt. Das bedeutete, dass der Garten nach wie vor Gemeinschaftseigentum ist, Sie aber das alleinige Nutzungsrecht besitzen. Sie durften früher ohne Genehmigung der WEG nichts Wesentliches an Ihrem Garten verändern. Auch die Kostentragung für die Gartenpflege lag vom Grundsatz her bei der WEG, weil der Garten ja das Eigentum aller war.

Von nun an ist es auch zulässig, dass der Garten zu Sondereigentum erklärt wird. Bestehende Teilungserklärungen werden hierdurch aber nicht verändert. Die Zuordnung zu Sondereigentum oder zu einem Sondernutzungsrecht hat vor allem Auswirkungen auf Kostentragung und Umgestaltungsmöglichkeiten, nicht auf das laufende Nutzungsrecht.

Änderung der Kostenverteilung

In manchen Fällen kann es fair sein, die Umlageschlüssel zu ändern, also Zähler und Nenner, nach denen eine Kostenart verteilt wird. Vielleicht möchten Sie die Kosten der Treppenhausreinigung lieber nach der Wohnungszahl anstatt nach MEA verteilen? Bisher waren die Möglichkeiten eingeschränkt. Nur bei

- (auf den Mieter umlagefähigen) Betriebskosten und
- Kosten von *einmaligen* Baumaßnahmen

konnten Sie mehrheitlich die Verteilung der Kosten ändern. Diese Beschränkung existiert nicht mehr. Die WEG kann jetzt mit einfachem Mehrheitsbeschluss die Kostenverteilung für alle Kostenarten ändern. Das gilt auch für Baumaßnahmen, die noch gar nicht geplant sind, z.B. die Kosten für den Einbau von neuen Fenstern. Trotzdem muss die Änderung „verteilungsgerecht" sein, also niemanden willkürlich benachteiligen.

Umlaufbeschluss und (Online-) Eigentümerversammlung

Vereinfachte Eigentümerversammlung

Die Beschlussfähigkeit der Eigentümerversammlung ist jetzt nicht mehr daran gebunden, wie viele oder wenige Eigentümer erscheinen. Die Versammlung ist jetzt immer beschlussfähig, auch wenn weniger als 50% der Miteigentumsanteile zur Versammlung kommen. Das persönliche Erscheinen ist dabei der Online-Zuschaltung und auch der Vollmacht gleichgestellt. Eine sogenannte „Zweitversammlung" mit gleicher Tagesordnung zur Erzwingung der Beschlussfähigkeit muss somit nicht mehr stattfinden. Beschlüsse können gefasst werden, wann immer ein Thema in der Einladung stand und auch nur ein einziger Eigentümer erscheint oder eine Vollmacht erteilt.

Umso wichtiger ist es, dass die Einladung frühzeitig bei Ihnen ankommt. Von jetzt an genügt es, die Einladung in Textform zu versenden, d.h. der Versand per E-Mail anstatt per Brief würde ausreichen. Ein guter Verwalter sendet die Einladung natürlich auf beiden Wegen, da man berücksichtigen sollte, dass eine Mail leicht im Spam-Ordner landen kann und der Empfänger nichts mitbekommt. Ein Brief im Briefkasten kann nur schwer übersehen werden.

Die Einladungsfrist beträgt nun drei Wochen, früher waren es zwei. Möglicherweise sieht Ihre Teilungserklärung allerdings eine längere Frist vor, die von der Gesetzesänderung nicht berührt wird. Natürlich kann man bei besonders eilbedürftigen Vorgängen die dreiwöchige Soll-Frist abkürzen, wenn es aufgrund von Dringlichkeit oder anderer sachlicher Gründe geboten ist – auch hier keine Veränderung.

Dass man unter dem „TOP Sonstiges" nicht einfach irgendetwas „beschließen" kann, hat sich nicht geändert. Alle Tagesordnungspunkte, über die abgestimmt werden soll, müssen in der Einladung stehen, also drei Wochen vorher in Ihrem Briefkästen liegen. Im Sinne des Verbraucherschutzes ist also weiterhin gewährleistet, dass Sie sich ausführlich mit allen Tagesordnungspunkten auseinandersetzen können. Niemand soll auf der Versammlung überrumpelt werden.

Vereinfachter Umlaufbeschluss

Was ist überhaupt ein Umlaufbeschluss? Laut WoEigG werden Entscheidungen immer von den Eigentümern per Beschluss getroffen, nicht von Verwalter oder Beirat. Das bedeutet: Auf einer Eigentümerversammlung wird abgestimmt. Bei einer Zustimmung von mindestens 50,01% kommt ein Beschluss zustande, die Eigentümer haben der Entscheidung mehrheitlich zugestimmt.

Wenn es schnell gehen soll, kann man den Beschluss abkürzen und die Entscheidung außerhalb einer Eigentümerversammlung fassen. Der Umlaufbeschluss war früher immer ein „Unterschriftenzettel". Wenn 100% der Eigentümer den Zettel unterschrieben haben, kam der UB zustande.

Seit der WEG-Reform entfällt die Schriftform. Sie müssen nicht mehr eigenhändig mit Tinte unterschreiben. Sie können Ihre Zustimmung jetzt auch in Textform erteilen, also z.B. per Mail, Fax, theoretisch auch per WhatsApp, oder natürlich per Brief. Auch wenn viele Verwalter WhatsApp verständlicherweise nicht akzeptieren, weil sie es nicht dokumentieren können – die Textform vereinfacht den Vorgang erheblich. Schon allein, weil Sie keine Briefmarken mehr kaufen müssen und der Weg zum Briefkasten entfällt.

Vor allem bei kleineren Eigentümergemeinschaften kann man nun schnell Entscheidungen herbeiführen, denn die Antwort auf eine Mail ist nun einmal sehr schnell geschrieben. So kann Ihre WEG Formen und Fristen verkürzen und sinnvolle Entscheidungen „entkomplizieren". Es müssen aber alle Eigentümer zustimmen. Daran hat sich nichts geändert, außer in einem Sonderfall, über den wir im nächsten Abschnitt sprechen.

Online- (Zuschaltung zur) Eigentümerversammlung

Ab sofort können Sie sich online mit Bild und Ton zu einer ortsgebundenen Versammlung zuschalten lassen, sofern die Eigentümergemeinschaft das einmalig per Beschluss bewilligt hat. Ein Sonderfall der Online-Zuschaltung zu einer ortsgebundenen Versammlung ist übrigens die Online-Zuschaltung *aller* Eigentümer zu einem Ort, an dem der Verwalter ganz alleine sitzt. Somit sind auch reine Online-Versammlungen möglich.

Damit es keine Missverständnisse gibt: Es muss Ihnen zumindest möglich sein, persönlich an einem bestimmten Ort teilzunehmen, Ihr Verwalter darf Sie also nicht rein ins Cyberspace verbannen, sondern es muss immer einen bestimmten Versammlungsort geben. Das ist zum Schutz der Menschen gedacht, die weder Computer noch Mobiltelefon besitzen – oder einfach nicht online teilnehmen möchten. Andererseits muss ich hier mal erwähnen, dass seit 2020 auch viele betagte Eigentümer ganz einfach online an meinen Versammlungen teilgenommen haben.

Unverändert muss auch eine EV mit Online-Zuschaltungen nichtöffentlich bleiben. Es dürfen grundsätzlich nur Menschen teilnehmen, die als Eigentümer im Grundbuch stehen. Es darf kein Fremder im Videochat danebensitzen (geschweige denn dauernd reinreden). Aber der abstrakte Gedanke, dass theoretisch jemand hinter der Kamera sitzen und mithören könnte, macht die Online-EV nicht automatisch angreifbar, denn der Gesetzgeber hat diese Möglichkeit ja bewusst geschaffen, und dabei die theoretische Gefahr bewusst in Kauf genommen, dass jemand daneben sitzen könnte, den die anderen nicht wahrnehmen. Die Maßstäbe darf man also nicht zu hoch anlegen.

Aber auch nicht zu niedrig. Daher sollte es schon eine Online-Plattform mit Passwortschutz oder ähnlicher Zugangsberechtigung sein, wie z.B. Zoom, Cisco Webex oder Microsoft Teams, die ja heutzutage auch von Behörden eingesetzt werden. Ein gewisser Mindest-Sicherheitsstandard ist wichtig, um zu gewährleisten, dass nicht irgendwer bei der Online-EV reinschneit, weil diese ohne Passwort auf einer öffentlich zugänglichen Streaming-Plattform übertragen wird. Mit Einladungslink, Passwort und eingeschaltetem Bild und Ton kann man gut gewährleisten, dass nur Personen teilnehmen, die auch wirklich eingeladen wurden und dazugehören. Die Technik ist ähnlich einfach zu bedienen wie WhatsApp.

Zu den vielen Vorteilen der Online-Zuschaltung gehört u.a. die Vermeidung von Stress im Berufsverkehr, der mühsamen Parkplatzsuche. Vielleicht spart die Eigentümergemeinschaft auch Geld, weil nur ein kleinerer Versammlungsort reserviert werden muss, der weniger kostet. Für Eigentümer, die weit weg wohnen oder gesundheitliche Einschränkungen haben, ist die Teilnahme nun endlich ohne größere Barrieren möglich.

Beschlusssammlung bleibt

Es gab die Überlegung, die Beschlusssammlung mit der Gesetzesreform abzuschaffen. Es wurde aber entschieden, dass sie bleibt. Richtig so! Die Beschlusssammlung ist ein wichtiges Informationsinstrument z.b. für Käufer einer Wohnung, aber auch für aktuelle Eigentümer, die sich ein Bild der Beschlüsse der letzten Jahrzehnte machen möchten.

In der Beschlusssammlung finden Sie alle bisherigen Beschlüsse Ihrer WEG. Wenn 1984 ein Musizierverbot ab 20 Uhr beschlossen wurde, ist es auch weiterhin gültig.

Die Diskussion über die Abschaffung der Beschlusssammlung ist auch etwas übers Ziel hinausgeschossen, denn der Aufwand für den Verwalter ist wirklich vertretbar. Nach jeder Eigentümerversammlung kann er die Textelemente aus dem Protokoll mit Copy & Paste in die Beschlusssammlung übernehmen. Beides sind in der Regel einfache Worddateien, und das rüberkopieren ohne größeren Aufwand möglich.

Der neue Umlaufbeschluss – reicht jetzt die einfache Mehrheit?

Schon gibt es die ersten Missverständnisse zur WEG-Reform: Viele Wohnungseigentümer und auch Verwalter glauben neuerdings, dass ein Umlaufbeschluss mit einfacher Mehrheit zustande käme. Aber so einfach ist es nicht.

Aber was ist überhaupt ein Umlaufbeschluss? Grundsätzlich treffen WEGs Entscheidungen per Beschluss auf der Eigentümerversammlung. Wenn es bei der Abstimmung mehr als 50,01% Zustimmung gibt, kommt der Beschluss zustande, die Entscheidung ist gefallen. Die einfache Mehrheit reicht aus.

Jede Eigentümerversammlung verursacht aber Organisationsarbeit. Der Verwalter muss Einladung und Tagesordnung vorbereiten, einen Termin abstimmen, den Versammlungsort buchen, Protokoll schreiben und so weiter. Das dauert eine Zeit und es gibt Möglichkeiten, das abzukürzen, wenn es nur um ein einziges Thema geht: Ein Umlaufbeschluss ist ein Beschluss ohne Eigentümerversammlung. Weil aber Formen und Fristen abgekürzt sind, reicht keine einfache Mehrheit. Alle Eigentümer müssen dem Beschlussvorschlag zustimmen, dann erst kommt er ohne EV zustande. Weil beim UB praktisch alle Formen und Fristen ersatzlos wegfallen, liegt die Hürde bei der notwendigen Mehrheit so hoch – mal wieder Verbraucherschutz. Auch die WEG-Reform hat nicht viel am Umlaufbeschluss gerüttelt. Nur an seiner Schriftform. Von nun an genügt es, wenn Sie per E-Mail zustimmen – es muss es keine eigenhändige Unterschrift aus Tinte mehr sein.

Nun glauben aber viele Eigentümer und Verwalter, dass ein Umlaufbeschluss jetzt auch immer mit einfacher Mehrheit gefasst werden kann. Das ist aber sehr gefährlich, weil ein UB mit einfacher Mehrheit normalerweise ungültig ist. Und ohne einen gültigen Beschluss fehlt dem Verwalter auch jede Rechtsgrundlage für eine Auftragserteilung. Im Gesetz steht:

„Die Wohnungseigentümer können beschließen, dass *für einen einzelnen Gegenstand* die Mehrheit der abgegebenen Stimmen genügt" (§23 Abs. 3 WoEigG).

Der UB kommt also doch nicht mit 50,01% Zustimmung zustande! Dort steht ja, dass es zuerst beschlossen werden muss, und dann geht es noch um einen einzelnen Sachverhalt, zu dem ein Umlaufbeschluss nachgeholt wird, der mit einfacher Mehrheit zustande kommt.

Wenn man zuerst einen Beschluss braucht, warum dann noch der Umlaufbeschluss? Warum beschließt man diesen Sachverhalt nicht direkt auf der EV? Weil man nun auf der EV das Thema in groben Zügen absegnen kann und die Details im Nachgang mit einem UB um alle Details ergänzen kann. Weil die formellen Hürden abgesenkt werden, will der Gesetzgeber, dass sich die EV vorab mit dem Thema auseinandergesetzt hat, damit niemand überrumpelt wird.

Vielleicht erinnern Sie sich an die formellen Hürden einer Beschlussfassung. Wenn einem Beschluss wichtige Details fehlen, z.B. die Auswahl des Handwerkers oder der Kostenrahmen, ist er nicht gültig. Wenn sich aus dem Beschluss keine konkrete Handlung ableiten lässt, ist er wertlos. Wenn die WEG beschließen würde, „die Fassade anstreichen zu lassen", ohne weitere Angaben, fehlen praktisch alle relevanten Informationen: Welcher Handwerker? Welcher Kostenrahmen? Und vieles mehr. Die Auswahl des Handwerkers darf bei größeren Vorgängen nicht auf Verwalter oder Beirat delegiert werden. Alle relevanten Eckdaten müssen von der WEG per Beschluss abgesegnet werden.

Das Problem daran: Wenn noch Details fehlen, würden Sie sich von Versammlung zu Versammlung hangeln, aber der Vorgang würde nicht erledigt werden. Wenn der Verwalter auch noch kapazitätsmäßig voll ausgelastet ist, warten Sie evtl. bis nächstes Jahr auf die nächste EV. Der Gesetzgeber wollte diese Situation entschärfen, damit man schneller weitermachen kann. Ein UB ist schneller organisiert als eine zusätzliche EV.

Sie können z.B. auf der EV den Anstrich der Fassade beschließen und bereits einen groben Kostenrahmen freigeben. Wenn noch nicht alle Handwerker-Angebote vorliegen, können Sie auf der EV beschließen, die Auswahl der Handwerker und die Festlegung eines Kostenrahmens per Umlaufbeschluss nachzuholen – nun können Sie regeln, dass für diese Auswahl eine einfache Mehrheit ausreichen soll.

Für diesen Fall ist die Neuerung im WoEigG gedacht. Das Sonderrecht gilt für den Einzelfall – und kann oftmals schon sehr weiterhelfen. Sie können aber nicht beschließen, dass von nun an jeder Umlaufbeschluss der Eigentümergemeinschaft mit einfacher Mehrheit gültig werden soll.

51 Prozent für alle! Das zweischneidige Schwert der Mehrheitsverhältnisse

Anders als beim Umlaufbeschluss wurden die erforderlichen Mehrheiten auf der Eigentümerversammlung grundlegend geändert. Mit großem Anlauf hat der Gesetzgeber sowohl die *doppelt qualifizierte Mehrheit* (bei Modernisierungsmaßnahmen und Änderungen des Umlageschlüssels) als auch die *Zustimmung aller Betroffenen* (bei baulichen Veränderungen) abgeschafft und gegen die einfache Mehrheit getauscht.

Nun können Sie fast alle Themen auf der Eigentümerversammlung mit einfacher Mehrheit beschließen. Früher gab es für verschiedene Fälle drei unterschiedliche Stimmenmehrheiten:

- Im Normalfall konnten Sie Beschlüsse mit einfacher Mehrheit fassen, d.h. mit 50,01 %.
- Modernisierungsmaßnahmen – außerhalb von erforderlichen Reparaturmaßnahmen – machten eine sog. doppelt qualifizierte Mehrheit erforderlich, also die Zustimmung von ¾ aller Eigentümer *und* 50 Prozent aller Miteigentumsanteile.
- Dann gab es noch Beschlüsse zu baulichen Veränderungen, bei denen es keine Nein-Stimmen geben durfte. Wenn Sie eine außenliegende Klimaanlage oder eine Markise installieren wollten, haben Sie das äußere Erscheinungsbild des Gebäudes verändert und brauchten somit die Zustimmung aller Wohnungseigentümer, die sich potentiell daran stören könnten.

Früher konnte jeder, der sich von einer baulichen Veränderung potentiell beeinträchtigt fühlen könnte, die Maßnahme ablehnen. Der Beschluss kam dann nicht zustande. Selbst die Installation von neuen, außenliegenden Briefkästen erhielt oft nicht die erforderliche Einstimmigkeit. Vor allem in großen Eigentümergemeinschaften fand sich oft jemand, der da so seine „Bedenken" hatte. Das hat viele Wohnungseigentümergemeinschaften blockiert.

Nun gilt das andere Extrem. Auf einmal können Sie bauliche Veränderungen und Modernisierungsmaßnahmen mit einfacher Mehrheit beschließen. Abgesehen von den Sonderfällen zur Kostentragung, um die es im Abschnitt „Bauliche Veränderungen" geht, wurde die Hürde für Beschlüsse nun deutlich gesenkt. Einerseits erfreulich, dass ein Einzelner nicht mehr die gesamte WEG blockieren kann. Andererseits ist es jetzt möglich, dass ein einzelner Mehrheitseigentümer praktisch über alles regieren kann, wie er gerne möchte.

Wenn die Eigentümer die Kostenverteilung nachträglich ändern möchten

In manchen Fällen kann es fair sein, die Umlageschlüssel zu ändern, also Zähler und Nenner, nach denen eine Kostenart verteilt wird. Vielleicht möchten Sie die Kosten der Treppenhausreinigung lieber nach der Wohnungszahl verteilen anstatt nach MEA? Bisher waren die Möglichkeiten eingeschränkt. Nur bei

- (auf den Mieter umlagefähigen) Betriebskosten und
- Kosten von *einmaligen* Baumaßnahmen

konnten Sie mehrheitlich die Verteilung der Kosten ändern. Diese Beschränkung existiert nicht mehr. Die WEG kann jetzt mit einfachem Mehrheitsbeschluss die Kostenverteilung für alle Kostenarten ändern. Das gilt auch für Baumaßnahmen, die noch gar nicht geplant sind, z.B. die Kosten für den Einbau von neuen Fenstern. Trotzdem muss die Änderung „verteilungsgerecht" sein, also niemanden willkürlich benachteiligen.

Der Standard

Wenn die Teilungserklärung es nicht regelt und auch kein Beschluss existiert, werden Kosten einer WEG grundsätzlich nach Miteigentumsanteil umgelegt. Manchmal sind andere Umlageschlüssel aber passender, z.B. die Umlage der Kosten der Treppenhausreinigung nach der Anzahl der (Wohn-) Einheiten, damit jeder den gleichen Betrag bezahlt. Für Allgemeinstrom oder Müll ist die Personenzahl vielleicht ein geeigneter Maßstab. Seit 2020 dürfen Sie die Umlageschlüssel mit einfacher Mehrheit dauerhaft für die Zukunft ändern. Allerdings müssen die Kosten konkret benannt werden (z.B. Aufzug, Winterdienst, Hausmeister…). Sie dürfen nicht einfach den gesetzlichen Standard MEA durch Quadratmeter oder Personenzahl ersetzen. Natürlich können Sie auch direkt eine ganze Reihe von Kosten neu „besetzen".

Bestimmte Bauteile

Neu ist, dass man jetzt auch mit einfacher Mehrheit die Kosten bestimmter Bauteile regeln kann. Sie können jetzt z.B. beschließen, dass

Kapitel 5: WEG-Reform 2020: Neue Bedingungen 179

jeder Eigentümer die Kosten von Reparaturen „seiner" Fenster selbst trägt. Sofern keine konkrete Maßnahme absehbar war, ging das früher nicht – man hätte bisher die Teilungserklärung ändern müssen.

Die Änderung gilt übrigens nur für die Kostentragung, nicht für die Eigentumsverhältnisse. Fenster und Wohnungstüren sind nach wie vor Gemeinschaftseigentum, weshalb Sie die WEG trotzdem um Genehmigung bitten müssen, wenn Sie sie austauschen lassen möchten. Der Gesetzgeber möchte das einheitliche Erscheinungsbild wahren.

Keine Willkür

Die neuen Umlageschlüssel dürfen niemanden willkürlich benachteiligen, es muss die sog. Verteilungsgerechtigkeit gewahrt bleiben. Es geht hierbei um Willkür. Jede Änderung der Umlage verschiebt nämlich die Kostenlast zwischen den Eigentümern, das akzeptiert der Gesetzgeber mit der neuen Regelung. Ihnen wird ein Ermessensspielraum eingeräumt, sonst könnte ja immer jemand die Änderung verhindern, weil er sonst mehr zahlt als früher. Willkür bedeutet z.B.: „Wohnung 14 zahlt die gesamten Versicherungsprämien alleine". Das wäre unzulässig.

Den Gebrauchsmöglichkeiten entsprechend

Daher sollte erkennbar sein, dass Sie sich über die Gebrauchsmöglichkeiten Gedanken gemacht haben. Ein paar Vorschläge:

Kostenart	Vorschläge zur Kostenverteilung
Wartungskosten von Rauchmeldern	Anzahl der Rauchmelder je Wohnung
Fensterwartung	Anzahl der Fensterflügel
Aufzugskosten	Miteigentumsanteile oder „Aufzugspunkte". Es gab ein Urteil vom Landgericht Nürnberg-Fürth. Aufzugspunkte entsprächen der verhältnismäßigen Beteiligung am Gebrauch (Urteil vom 25. 3. 2009 - 14 S 7627/08). Wer höher wohnt, zahlt mehr. Man differenzierte nach Stockwerken: • EG: 1,3 Punkte • 1. OG: 1,4 Punkte • 2. OG: 1,5 Punkte • usw.
Balkonsanierung; EG und DG besitzen keine Balkone	Sonderumlage, verteilt nach MEA der übrigen Wohnungen. EG- und DG-Wohnungen werden ausgenommen.
Tiefgaragensanierung	Anzahl (oder MEA) der Stellplätze

Kombi-Umlageschlüssel

Wenn man sich nicht einigen kann, sind kombinierte Umlageschlüssel oft ein guter Kompromiss. Sie können z.B. Treppenhausreinigung oder Allgemeinstrom zu 50% nach MEA und zu 50% nach Personenzahl verteilen.

Standard ist und bleibt der MEA

Sie sollten aber nicht übertreiben, denn der Gesetzgeber hat sich schon etwas dabei gedacht, Ihren Miteigentumsanteil zum Standard-Umlageschlüssel der WEG zu erklären. Beim Fassadenanstrich sollten Sie nicht unnötig diskutieren, wer mehr „Gebrauch" von der Fassade macht – genauso beim Dach. Trotzdem öffnet die neue Gesetzeslage viele neue Perspektiven, die man nutzen sollte, wenn es angebracht ist.

Änderungen im Beirat

Der Verwaltungsbeirat – das ist eine Gruppe von Eigentümern, deren „Job" es ist, den Verwalter bei der Durchführung seiner Aufgaben zu unterstützen und zu überwachen. Außerdem soll er die Jahresabrechnung prüfen und mit seiner Stellungnahme versehen.

Mit der WEG-Reform gab es Änderungen in der Anzahl der Beiratsmitglieder: Früher bestand er zwangsläufig aus drei Eigentümern, selbst bei einer WEG mit vier Wohnungen. Nun kann er aus beliebig vielen (oder wenigen) Eigentümern gebildet werden. Natürlich muss eine Eigentümergemeinschaft nicht zwangsläufig einen Beirat wählen – genau wie früher – denn er ist das fakultative Organ der WEG. Es ist auch möglich, einen Beirat mit null Mitgliedern zu haben.

Die Aufgaben des Beirats wurden ergänzt: Nach wie vor heißt es, dass der Beirat den Verwalter bei der Durchführung seiner Aufgaben unterstützt. Er hat bestimmte „Soll-Aufgaben", d.h. dass er diese auch ablehnen kann, weil er ja ehrenamtlich tätig ist. Der Beirat soll Wirtschaftsplan und Jahresabrechnung durchsehen, prüfen und vor der Beschlussfassung auf der Eigentümerversammlung mit seiner Stellungnahme versehen.

Neu ist die in § 9b WoEigG versteckte Regelung, dass der Beirat die WEG gegenüber dem Verwalter vertritt. Da hat sich der Gesetzgeber ziemlich missverständlich ausgedrückt. Leider gibt es immer wieder „Beirats-Präsidenten", die der Meinung sind, dass sie (ohne Beschlussfassung) alles über die Köpfe ihrer Miteigentümer hinweg selbst entscheiden dürfen und das nun als „vertreten" interpretieren. Aber „vertreten" bedeutet nicht, ungefragt Anweisungen in fremdem Namen zu erteilen. Der Beirat darf keine weitreichenden Entscheidungen treffen oder dem Verwalter Anweisungen geben, denn sonst macht er sich gegenüber den Miteigentümern haftbar. Die Beirats-Haftpflichtversicherung deckt Vorsatz nicht ab. Weitreichende Entscheidungen treffen darf ja nicht einmal der Verwalter selbst. Das Entscheidungsorgan einer WEG ist die Eigentümerversammlung.

Kapitel 5: WEG-Reform 2020: Neue Bedingungen 183

Mit „vertreten" ist gemeint, dass der Beirat gegenüber dem Verwalter als Repräsentant der WEG auftritt, damit nicht alle Eigentümer das einzeln tun müssen. Zum Beispiel bei Unterzeichnung des Verwaltervertrags mit einem neuen WEG-Verwalter oder bei Unterschrift des Protokolls der Eigentümerversammlung. Manchmal fungiert der Beirat auch als gerichtlicher Zustellungsempfänger. Vertreten steht aber vor allem für die Funktion des Sprachrohrs zwischen WEG und Verwalter. Die Informations- und Kommunikationsfunktion steht immer noch im Mittelpunkt der Tätigkeit des Beirats. Kaum zu glauben, aber nicht alle Verwalter kommunizieren per Mail, sondern oftmals noch per Brief und Telefon. Eine Telefonkette mit 20 Eigentümern kann aber richtig ausarten. Wenn der Verwalter der WEG etwas mitteilen möchte (und keine Mail schreiben will), kann er an den Beirat herantreten und (anstatt der WEG) mit dem Beirat kommunizieren. Der muss die Informationen dann weitergeben.

Bauliche Veränderungen

„Bauliche Veränderung" – so nennt man grundlegende Umgestaltungen des Erscheinungsbildes, der Funktionalität oder des Wesens der Anlage. Nicht gemeint sind damit Instandhaltung und Instandsetzung, Reparaturen und Modernisierungsmaßnahmen.

Bauliche Veränderungen sind erkennbare, große Änderungen an der Anlage, wie z.B. der nachträgliche Einbau einer Klimaanlage oder einer Markise. Hingegen ist ein Anstrich der Fassade keine bauliche Veränderung, sondern Instandhaltung, also eine Erhaltungsmaßnahme – denn am Erscheinungsbild des Gebäudes wird nicht viel verändert, sondern erhalten.

Bei den neuen gesetzlichen Änderungen zu baulichen Veränderungen unterscheidet man zwischen „normalen" und „privilegierten" baulichen Veränderungen. Was hat sich 2020 geändert?

„Normale" bauliche Veränderungen

Wenn Sie z.B. an Ihrem Balkon eine Markise anbringen möchten, müssen Sie unverändert die Eigentümergemeinschaft fragen, denn das äußere Erscheinungsbild wird in seinem Wesen verändert, daher nennt man es bauliche Veränderung.

Die erforderliche Stimmenmehrheit hat sich geändert. Nun brauchen Sie nur noch die einfache Mehrheit. Früher war es ein Problem, wenn auch nur ein Eigentümer Ihnen nicht gut gesonnen war. Denn bei einer einzigen „nein"-Stimme scheiterte die Genehmigung für die Markise. Leider waren viele WEGs dadurch kaum manövrierfähig, denn viele sinnvolle Maßnahmen konnten am Unwillen eines Einzelnen scheitern. Zum Beispiel das Anbringen eines Vordachs über der Haustür, um nicht im Regen stehen zu müssen. Nun genügt für eine Entscheidung ein einfacher Mehrheitsbeschluss. Bei 51% Zustimmung können Sie Ihre Markise direkt beauftragen.

Etwas knifflig wird es bei der Kostenverteilung. Wenn früher ein Beschluss zustande kam, wurden die Kosten der Maßnahme grundsätzlich nach Miteigentumsanteilen auf die Eigentümer aufgeteilt. Seit 2020 scheint der Gesetzgeber von einer knappen Mehrheit auszugehen, denn grundsätzlich müssen sich nur die Eigentümer, die mit „ja" gestimmt haben, an den Kosten von baulichen Veränderungen beteiligen, aber es gibt eine Ausnahme: Wenn mehr als zwei Drittel der abgegebenen Stimmen *und* mehr als die Hälfte der Miteigentumsanteile mit „ja" stimmen, dann werden eben doch alle Wohnungseigentümer an den Kosten beteiligt – diese werden wie früher nach ihren Miteigentumsanteilen auf alle verteilt, wie die folgende Grafik zeigt.

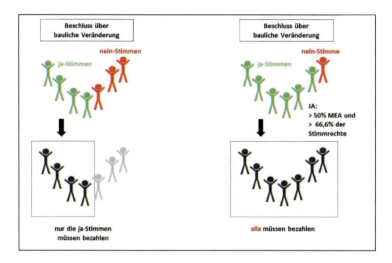

Der Gesetzgeber schiebt *grundlegenden Umgestaltungen* zudem einen Riegel vor. Die Mehrheit der Eigentümer kann nicht fordern, dass ein Aussichtsturm aufs Dach oder ein Personenaufzug in den Hof gebaut wird. Grundlegende Umgestaltungen können nicht mit Mehrheit beschlossen werden, hierzu braucht man immer noch das Einverständnis aller – in Form eines Vertrages, der sog. Vereinbarung.

Privilegierte bauliche Veränderungen

Bestimmte Maßnahmen, die der Gesetzgeber fördern möchte, genießen ein Vorrecht, also ein Privileg. Man nennt sie daher privilegierte bauliche Veränderungen. Darunter versteht man:

- Ladestationen für elektrische Fahrzeuge
- Einbruchschutz

- Telekommunikationsanschluss mit hoher Kapazität (Glasfaser)
- Maßnahmen zur Barrierefreiheit

Auch wenn die Eigentümergemeinschaft so eine Maßnahme nicht mit Mehrheit beschließt und umsetzt, kann jeder Eigentümer von nun an verlangen, dass die WEG ihm gestattet, auf eigene Kosten eine „privilegierte bauliche Veränderung" durchzuführen. Die Kosten trägt dann nur der Eigentümer, dem es gestattet wurde. Aber zu einem späteren Zeitpunkt können weitere Eigentümer verlangen, dass sie die geschaffene Infrastruktur mitbenutzen dürfen, wenn sie sich nachträglich an den Kosten beteiligen. Bei einer Gestattung werden aus finanzieller Sicht Untergemeinschaften gebildet.

Am Beispiel Elektromobilität:

Eigentümer 1 erhält von der WEG die Erlaubnis, auf eigene Kosten eine Ladestation für sein E-Auto einbauen zu lassen. Natürlich muss ein Lastmanagementsystem eingebaut werden, um die Anschlusskapazität des Gebäudes nicht zu überlasten. Eigentümer 1 zahlt die Kosten von 20.000 EUR für das Lastmanagementsystem zunächst allein.

Ein Jahr später bekommt Eigentümer 2 einen neuen Dienstwagen und benötigt ebenfalls eine Ladestation, weil Elektroautos so eine geringe Reichweite haben. Er darf nun von Eigentümer 1 verlangen, die Infrastruktur mitzubenutzen, muss sich aber nachträglich an den Kosten beteiligen. Eigentümer 2 zahlt 10.000 EUR (also die Hälfte) an Eigentümer 1.

Zwei Jahre später möchte auch Eigentümer 3 eine Ladestation. Er darf von Eigentümer 1 und Eigentümer 2 verlangen, die Infrastruktur ebenfalls mitzubenutzen. Auch er muss sich dann am System beteiligen, und zwar mit einem Drittel, also 6.666 EUR. Eigentümer 3 zahlt davon jeweils die Hälfte, also 3.333 EUR an Eigentümer 1 sowie 3.333 EUR an Eigentümer 2.

Dreidimensionale Sondernutzungsrechte?

Jetzt können auch Freiflächen zu Sondereigentum erklärt werden, z.b. der Garten der EG-Wohnung. Bisher war für Ihre Gartenfläche nur die Eintragung eines Sondernutzungsrechtes erlaubt. Das bedeutete, dass der Garten nach wie vor Gemeinschaftseigentum ist, Sie aber das alleinige Nutzungsrecht besitzen. Da Sie nur Inhaber des (Be-) Nutzungsrechts waren, durften Sie bisher nichts Wesentliches an Ihrem Garten verändern, ohne die Genehmigung der WEG einzuholen. Auch die Kostentragung für die Gartenpflege lag vom Grundsatz her bei der WEG, weil der Garten ja zwangsläufig das Eigentum aller war.

Von nun an ist es auch zulässig, dass der Garten zu Sondereigentum erklärt wird. Das war mangels (dreidimensionaler) Abgeschlossenheit der Gartenflächen bisher nicht möglich. Die Wiese hat halt weder Wände, Decke noch Wohnungstür. Die Vorstellung des Gesetzgebers hat sich geändert.

Das laufende Nutzungsrecht ist in beiden Fällen gleich. Sie durften „Ihren" Garten also alleine benutzen, die anderen Eigentümer nicht. Daran ändert sich auch bei Zuordnung zum Sondereigentum nichts. Die Unterscheidung hat vor allem Auswirkungen auf Kostentragung und Umgestaltungsmöglichkeiten: Im Fall von Sondereigentum *gehört* Ihnen die Gartenfläche, damit liegen Kostentragung und Umgestaltungsentscheidungen bei Ihnen allein. Beim Sondernutzungsrecht bleibt die Gartenfläche Gemeinschaftseigentum, belegt mit einem Recht, dass nur Sie allein es nutzen dürfen – weshalb alle Eigentümer die Pflegekosten grundsätzlich mittragen müssen und bei Umgestaltungen ein Mitspracherecht haben. Meistens stehen in der Teilungserklärung aber bestimmte Regeln hierzu, z.B. die Übernahme der Gartenpflegekosten durch den berechtigten Eigentümer.

Ein wichtiger Hinweis: Bestehende Teilungserklärungen werden durch die neue Rechtslage nicht verändert! Das neue WoEigG schafft lediglich zusätzliche Gestaltungsmöglichkeiten für zukünftige Teilungserklärungen.

Unbeschränkbare Vertretungsmacht des WEG-Verwalters?

Besitzt ein WEG-Verwalter jetzt die gleiche umfassende Vertretungsmacht wie der Geschäftsführer einer GmbH? In § 9b WoEigG finden Sie seit 2020 folgende Vorschrift:

> „Die Gemeinschaft der Wohnungseigentümer wird durch den Verwalter gerichtlich und außergerichtlich vertreten […]. Eine Beschränkung des Umfangs der Vertretungsmacht ist Dritten gegenüber unwirksam."

Der Verwalter kann die WEG also nach außen hin uneingeschränkt vertreten. Wenn Sie Einschränkungen beschließen, sind diese Dritten gegenüber unwirksam. Das gilt aber nur im Außenverhältnis, also zwischen WEG und Handwerkern, Dienstleistern, Banken und Versicherungen und so weiter. Es ist keineswegs so, dass der Verwalter jetzt einfach alles machen darf, und einfach alles über Ihre Köpfe hinweg entscheiden darf. Nein, aber es gibt zwei neue, wichtige Vokabeln: Sie müssen zwischen „Innenverhältnis" und „Außenverhältnis" unterscheiden.

„Innenverhältnis" bedeutet, was der Verwalter Ihnen, den Eigentümern, gegenüber rechtfertigen muss – und dafür auch geradestehen muss. Und das ist eine ganze Menge. Darauf kommen wir gleich noch einmal zurück, aber zuerst zum Grund, warum diese Vorschrift nötig geworden ist:

„Außenverhältnis" bedeutet „gegenüber Dritten", also gegenüber Personen, die nicht im Grundbuch stehen. Dritten gegenüber darf der Verwalter Aufträge erteilen und Vertragsverhältnisse eingehen und beenden. Das schafft für Vertragspartner Rechtssicherheit, was dringend nötig war. Es ist noch gar nicht so lange her, da gab es ein sehr unschönes Gerichtsurteil. Der Verwalter darf Verträge, z.B. Hausmeister oder Versicherungen, nur dann kündigen, wenn wirklich jeder Eigentümer einverstanden ist. In welcher Instanz das war, weiß ich leider nicht mehr, aber es war schlicht realitätsfern. Auch wenn es in Ihrer Eigentümergemeinschaft vielleicht immer einen Konsens gibt – das ist nicht immer so. Es gibt auch WEGs, in denen es einen konsequenten Nein-

Kapitel 5: WEG-Reform 2020: Neue Bedingungen

Sager gibt. Oder Leute, die noch nie zur Eigentümerversammlung erschienen sind. Ich habe dieses Gerichtsurteil nicht weiter verfolgt, vermutlich wurde es später wieder kassiert. Wenn Ihr Hausmeister aber seinen Job vernachlässigt, muss der Verwalter in der Lage sein, ihn auszutauschen, auch wenn nicht jeder einzelne Eigentümer zustimmt. Mit der neuen Regelung gibt es nun Rechtssicherheit, dass externe Vertragspartner sich darauf verlassen können und müssen, dass Aufträge und Kündigungen des Verwalters immer wirksam sind. Wenn der Verwalter nun also den Austausch der Heizungsanlage beauftragt, muss der Handwerker sich nicht mehr den Beschluss zeigen lassen oder sonstige Nachweise erfordern. Dies bedeutet für ihn eine bessere Rechtssicherheit, auch was die Rechnungsstellung angeht. Insgesamt kommt es zu weniger Verzögerungen.

Nun zurück zum „Innenverhältnis". Davon spricht man, wenn es um die Haftung des Verwalters gegenüber den Eigentümern geht. Der Verwalter darf nämlich bei weitem nicht alles. Ihnen als Eigentümer gegenüber muss er für sein Handeln geradestehen. Die Grundsätze stehen ja schon im § 27 WoEigG, also bei den Aufgaben und Befugnissen des Verwalters: Er darf auf jeden Fall über Dinge entscheiden, die von untergeordneter Bedeutung sind. Das gilt bei allen Notfällen, Maßnahmen „zur Wahrung einer Frist oder zur Abwendung eines Nachteils" – und für die gerichtliche Durchsetzung von Hausgeldforderungen. Zusätzlich kann die WEG beschließen, was der Verwalter sonst noch so alles alleine entscheiden darf, ohne jeweils einen Beschluss zu benötigen.

Aber für Entscheidungen, die weder von § 27, noch von einem Beschluss gedeckt sind, muss der Verwalter Sie auf einer Eigentümerversammlung um Erlaubnis bitten. Er darf zwar auch diese Dinge nach außen hin uneingeschränkt beauftragen, trägt aber das volle persönliche Risiko, dass Sie ihm die Genehmigung nicht erteilen. Daran ändert es auch nichts, wenn er vorher mit dem Beirat gesprochen haben sollte. Bei der Vertretungsbefugnis nach außen hin geht es darum, dass Vertragspartner, Handwerker, Banken etc. sich darauf verlassen können, dass der Verwalter auf jeden Fall der Vertretungsberechtigte der WEG ist, und dass er das nicht erst mit Vollmachten und Beschlüssen nachweisen muss.

Der Verwalter kann jederzeit abberufen werden!

Was passiert, wenn Ihr Verwalter schläft und trödelt und einfach nicht ans Telefon geht? Nach der WEG-Reform können Sie sich schneller von ihm trennen.

Aber zuerst kurz zur Wahl des Verwalters, genannt „Bestellung". Wenn Sie einen neuen Verwalter zum ersten Mal wählen, empfehle ich eine kurze Vertragsdauer, z.B. ein oder zwei Jahre. Lernen Sie sich doch erstmal kennen. Wenn die Chemie stimmt und Sie zufrieden sind, können Sie ihn bei der Wiederwahl länger beauftragen. Laut Gesetz darf die Bestellung für maximal fünf Jahre erfolgen. Eine Wiederwahl ist aber im Anschluss immer wieder möglich. jedoch darf der allererste Verwalter nach Gründung der WEG – der ja meistens der Bauträger oder ein enger Freund von ihm ist – für höchstens drei Jahre gewählt werden, weil die Gewährleistung nach fünf Jahren abläuft.

„Abberufung" ist das Gegenteil der „Bestellung" und bedeutet, den Verwalter aus seinem Amt zu entlassen. Nach § 26 WoEigG kann der Verwalter *jederzeit* abberufen werden. (Übrigens kann auch er selbst sein Amt *jederzeit niederlegen*, was die Gerichte oft genug bestätigt haben.) Der Verwaltervertrag endet spätestens sechs Monate nach der Abberufung. Moment, passiert das nicht gleichzeitig? Nein, denn laut der „Trennungstheorie" unterscheiden die Juristen den Verwaltervertrag vom Verwalteramt: Die Beschlussfassung auf der EV „bestellt" den Verwalter, und nun ist er Amtsträger. Zweitens geht die WEG ein Vertragsverhältnis mit ihm ein. Meistens ist es der Beirat, der den Verwaltervertrag fristwahrend nach der EV unterschreiben muss. Im Vertrag steht etwas ausführlicher, was in Kompaktform auf der Versammlung beschlossen wurde, z.B. Aufgaben und Vergütung. Diese Trennung zwischen Bestellung und Vertrag war früher „nur" herrschende Meinung in der Rechtsprechung, jetzt steht sie schwarz auf weiß im Gesetzestext.

Es ist schon ein großer Vorteil, dass Sie den Verwalter *jederzeit* abberufen können, denn bis 2020 konnte man die vorzeitige Abberufung auf einen wichtigen Grund beschränken – was die meisten Verwalterver-

Kapitel 5: WEG-Reform 2020: Neue Bedingungen

träge auch gemacht haben. Das bedeutet, dass mancher Verwalter ruhig vor sich hin schlafen konnte, denn er war ja für fünf Jahre bestellt. Es konnte zwar vorkommen, dass er keine vernünftige Leistung brachte, nicht ans Telefon ging und keine Emails beantwortete. Weil er aber weder geraubt noch geklaut hat, bleib er trotzdem Verwalter, weil Sie keinen Grund für eine außerordentliche Kündigung hatten. Höchste Zeit für diese Änderung: Von nun an können Sie jederzeit beschließen, den Verwalter rauszuwerfen. Trotzdem brauchen Sie dafür eine Eigentümerversammlung, aber der Verwalter muss den Tagesordnungspunkt aufnehmen, sofern mindestens 25% der Eigentümer das verlangen.

Noch einmal zurück zur „Trennungstheorie": Wenn Sie den Verwalter abwählen, müssen Sie unbedingt beide Dinge beachten: Die Abberufung des Verwalters zum Ende der Laufzeit (also die Entziehung des Amtes) und die Kündigung des Verwaltervertrags.

Vor der Reform konnte es passieren, dass beschlossen wurde, den Verwalter abzuberufen. Oftmals wurde aber vergessen, gleichzeitig auch den Vertrag zu kündigen. Die zukünftigen Ex-Verwalter konnten sich darauf berufen, dass der Vertrag noch eine Restlaufzeit hatte. Obwohl schon jemand anders als Verwalter arbeitete, floss das Geld parallel z.B. zwei Jahre an den ehemaligen Verwalter, ohne dass er arbeiten musste. Ziemlich unschön, aber trotzdem legal.

Und es ist auch jetzt noch legal, aber eben nur für maximal sechs Monate. Bei fristlosem Rauswurf eines unfähigen Verwalters kann es sein, dass Sie trotzdem noch sechs Monate das im Verwaltervertrag genannte Honorar entrichten müssen. Eine merkwürdige Benachteiligung, obwohl es im WoEigG doch sonst so viel Verbraucherschutz gibt. Nach neuem Recht ist die Zahlung der Verwaltervergütung jedenfalls auf sechs Monate nach der Abberufung beschränkt. Und wie das Wort „maximal" schon sagt, sind auch kürzere Fristen möglich, wenn die Restlaufzeit kürzer ist – oder wenn Sie mit dem Verwalter verhandeln. Das Beste ist natürlich, wenn Sie den neuen Verwalter nahtlos zum Ende der Laufzeit wählen, wenn die Arbeitsleistung noch halbwegs tolerabel ist.

Grund zum Jammern für die Verwalter? Aber wo ist der Kundenservice? Eine Klarstellung.

Nach der WEG-Reform können Sie Ihren Verwalter jederzeit auch ohne „wichtigen Grund" abberufen. Soll heißen: Wenn der Verwalter Murks macht, kann die Eigentümerversammlung ihn sofort vor die Tür setzen. Das ist gut und richtig, damit die WEG ihre Angelegenheiten schnell abarbeiten kann. Dass zahllose Verwalter auf den Kongressen über die neuen Regeln schimpfen, sagt mehr über diese Verwalter als über die Gesetzesreform. Anstatt sich zu freuen, dass Qualität sich von jetzt an schneller durchsetzen kann, hört man auf den WEG-Fortbildungen nur noch Gejammer! Sollte man im Beruf nicht immer versuchen, gute Arbeit zu leisten?

Da ich sowohl Verwalter als auch Wohnungseigentümer bin, weiß ich, wie es ist, einen katastrophalen Verwalter zu haben. Warum sollte man ihn schützen, wenn er tage- und wochenlang nicht ans Telefon geht, nicht zurückruft und Mails nicht beantwortet? Wenn die Bausubstanz vor sich hin bröckelt und beschlossene Instandhaltungsmaßnahmen nicht umgesetzt werden, müssen die Eigentümer geschützt werden. Und wenn Verwalter sich gut um ihre Objekte kümmern, brauchen sie sich um den Rausschmiss keine Gedanken zu machen. Als Eigentümer möchten Sie mit Ihren Problemen nicht alleine gelassen werden. Der Verwalter wird dafür bezahlt, sich um Ihre Anliegen zu kümmern!

Wenn der Verwalter auf Sie nicht reagiert, ständig Murks macht oder allzu langsam ist, können Sie ihn nun jedenfalls schneller feuern. Aber auch das ist relativ, denn es gibt immer weniger Verwalter. Und wenn er seinen Job gut macht, werden Sie ihn nicht feuern, sondern lieben. Anstatt auf die Gesetzgebung zu schimpfen, sollten manche Verwalter überlegen, gute Arbeit sichtbar zu machen. Der Job mag zwar anstrengend sein, aber kompliziert ist er nicht. Wer ihn einigermaßen beherrscht und seine Kunden aufrichtig behandelt, bleibt Verwalter auf Lebenszeit. Was könnten die WEG-Verwalter besser machen? Ein großer Teil der Arbeit sollte aus Berichterstattung bestehen! Die meisten Kunden sind glücklich, wenn der WEG-Verwalter transparent und offen über alle Geschehnisse ihres Hauses, also ihres Vermögens, berichtet.

Kapitel 5: WEG-Reform 2020: Neue Bedingungen 193

Zwei meiner Kunden mit Wohnsitz in den USA bekommen in Deutschland regelmäßig einen Kulturschock, weil wir es hierzulande nicht lernen, gute Arbeit und guten Service nach außen hin sichtbar zu machen. „Sei bescheiden!", lernen wir schon in der Schule. Wir wollen also bloß nicht auffallen und lernen das Tiefstapeln. Erst recht die Verwalter: Begehungsprotokolle landen papierhaft im Aktenordner, anstatt im Emailpostfach des Kunden. Der Verwalter hat regelmäßig Angebote nachverhandelt oder Skonto abgezogen? Das hat der WEG viel Geld erspart. Schlecht, wenn man es die Kunden nicht wissen lässt. Die zwei Amerikaner können einfach nicht verstehen, warum deutsche Hausverwalter ihre Kunden „unfreundlich, lieblos und intransparent" behandeln – und dabei nicht mal die Kunden verlieren. Beim Thema Kundenservice, Freundlichkeit und Transparenz hat man uns in den USA einiges voraus.

„Tue Gutes und rede darüber" wäre eine sinnvolle Idee. Und weit besser, als sich über die neuen Gesetze zu beschweren. Die vermeintliche „Verwalterkrise" könnten viele für ein Umdenken nutzen. Aus Kundenperspektive fehlt es manchmal einfach nur an Transparenz oder Kommunikation. Vielleicht könnte man sich fragen:

- Was denkt mein Kunde? Was geht in seinem Kopf vor?
- Welche Sorgen macht er sich zu seiner Wohnung?
- Was erwartet er? Was möchte er wissen?

Email statt Telefon. Nehmen wir an, Sie rufen den Verwalter an, weil es ein Problem mit der Regenrinne gibt. Sie tropft und ist an manchen Stellen durchgerostet. Er versteht das Problem, erklärt Ihnen telefonisch haarklein die Lösung, ruft den Dachdecker, der es in den nächsten Tagen repariert. Thema schleunigst erledigt. Und die anderen Wohnungseigentümer? Die erfahren gar nichts, aber am Ende des Tages ärgert sich der Verwalter, dass wieder so viel zu tun war und er so wenig geschafft hat. Weil der Verwalter nicht auch noch mit den anderen Eigentümern telefonieren und alles erklären kann, erfahren diese von nichts und schimpfen, dass er so wenig leistet. Das stimmt zwar in manchen Fällen gar nicht, ist aber der mangelhaften Kommunikation geschuldet. Wenn nur einer von dem Vorgang überhaupt etwas mitbekommen hat, ersäuft die gute Arbeit ungesehen in der Belanglosigkeit. Stattdessen sollte der Verwalter schleunigst alle Eigentümer um ihre Einverständniserklärung zum Versand per Email bitten, einen Mail-

Verteiler einrichten – und bei allen wichtigen Themen nicht nur den Beirat, sondern alle Eigentümer informieren, damit die Arbeit sichtbar wird. Wir setzen das seit Jahren erfolgreich um – und es wird als großer Fortschritt in der Berichterstattung wahrgenommen. Mit einfachen Mitteln.

Von Vertraulichkeiten mal abgesehen: Was man einem Kunden sagt, betrifft fast immer das Gemeinschaftseigentum. Auch die anderen müssen das wissen. Die Arbeit Ihres WEG-Verwalters läuft leider viel zu oft im Hintergrund: Angebote einholen, sichten, vergleichen, Themen auf Wiedervorlage haben, Dienstleister zum dritten Mal an Vorgänge erinnern, wieder abwarten, nachhalten, auf Rückfragen antworten, Telefonate führen usw. Aber das einzige, was Sie als Kunde sehen, ist die Abbuchung auf Ihrem Konto. Was sonst noch passiert, geht an Ihnen vorbei, wenn Sie nicht gerade Beirat sind oder zufällig davon erfahren. Wenn auch noch die Eigentümerversammlung als einziger Kontakt im Jahr zur langweiligen Veranstaltung degeneriert, ist es nur logisch, dass Sie den Verwalter nur anhand seines Preises beurteilen, weil Sie ihn davon abgesehen überhaupt nicht wahrnehmen.

Das Gebäude gehört aber nicht dem Beirat, sondern den Eigentümern. Anstatt sich darüber zu ärgern, dass man jederzeit abberufen werden könnte, sollte jeder WEG-Verwalter seine Kommunikationskanäle kritisch auf den Prüfstand stellen und überlegen, wie man seine Kunden auf dem Laufenden halten kann. Denn das Gebäude gehört zum Vermögen der Eigentümer, und der Verwalter schuldet ihnen Rechenschaft, was leider allzu oft unterbleibt. Ansonsten müsste sich keiner der Verwalter Sorgen um die Abberufung machen.

Transparenzgebot! Oder: Wem gehört das Geld?

Wenn ein Verwalter keine Lust hat, Ihnen Auskünfte zu geben, war es bisher ein beliebter Trick, Ihr Anliegen aufgrund von „Datenschutz" abzuschmettern. Auch berechtigte Informationsbedürfnisse wurden Eigentümern leider oftmals verwehrt, obwohl jedem WEG-Verwalter klar sein müsste, dass Sie Mitglieder derselben Vermögensgemeinschaft sind. Nun wird Ihr berechtigtes Interesse in §18 Abs. 4 des neuen WoEigG festgehalten:

„Jeder Wohnungseigentümer kann von der Gemeinschaft der Wohnungseigentümer Einsicht in die Verwaltungsunterlagen verlangen."

Wem gehört z.B. das Geld in der Rücklage? Einen Vermieter gibt es ja nicht. Gehört das Geld etwa dem Verwalter oder dem Beirat? Nein, es ist das Vermögen der Eigentümergemeinschaft. Sie sind doch Wohnungseigentümer und kein Mieter. Der Verwalter ist nur Treuhänder von fremdem Vermögen. Eigentlich logisch, dass Ihnen ein unbeschränktes Einsichtsrecht in die Verwaltungsunterlagen zusteht. Der Gesetzgeber hat nur etwas klargestellt, aber rein logisch betrachtet, gab es auch früher schon keinen Grund, dass man Ihnen den Einblick in die Verwaltungsunterlagen verwehren sollte.

Und warum können Sie Auskunft von „der Gemeinschaft der Wohnungseigentümer" verlangen? Weil der WEG-Verwalter immer als gesetzlicher Vertreter der WEG handelt. Er ist einfach nur das ausführende Organ für die Bereitstellung der Unterlagen, wenn Sie Einsichtnahme verlangen.

Nach § 9b WoEigG ist die Vollmacht des Verwalters für die Bankkonten der WEG nicht beschränkbar. Es darf auch niemand anders eine Vollmacht bekommen, auch nicht der Beirat. Der Verwalter hat also alleinigen Zugriff auf alle Girokonten, auf denen sich durchaus größere Geldbeträge befinden können. Ein korrupter Verwalter könnte Geld abheben und sich aus dem Staub machen. Die Konten werden ja höchstens einmal im Jahr vom Beirat kontrolliert. Wer Gelder verschwinden lässt, würde erst sehr zeitverzögert auffliegen, während der Verwalter andersrum ohne weiteres Ihre Wohnung versteigern lassen kann, wenn Sie Ihr Hausgeld nicht bezahlen. Nach seinem Umgang mit dem WEG-Konto fragt niemand.

Es ist logisch, dass Ihnen somit jederzeit Einsichtnahme in die Unterlagen zustehen muss. Da der Verwalter so viele nicht beschränkbare Befugnisse hat (denn ansonsten wäre das „Schiff" ja kaum zu steuern), ist es doch nur konsequent, dass die Eigentümer ihn auch kontrollieren können, denn ihnen gehört das Geld.

Kapitel 6: Warum läuft so vieles schief?

Vorsicht Falle? Mit der Wohnungssuche fängt es an!

„Oh Gott, tu das nicht!" So oder so ähnlich lauten die weisen Ratschläge von Freunden und Bekannten, die zwar selbst kein Immobilieneigentum besitzen, Sie aber strikt davor beschützen möchten, Ihre erste Eigentumswohnung zu kaufen. „Hast Du nicht gehört, dass Familie Schmitz mit ihrer Wohnung richtig auf die Nase gefallen ist?" Familie Schmitz hatte nämlich einen Wasserschaden und der Hausverwalter hat nicht so schnell reagiert, wie er sollte. Soweit ich weiß, steht die Wohnung trotzdem noch und die paar Wochen technische Trocknung durch den Dienstleister der Gebäudeversicherung sind auch schon vorbei. „Aber es hätte weitaus schlimmer kommen können.", werden sie noch gewarnt.

Sind Sie eigentlich verheiratet? Vielleicht haben Sie auch von Familie Müller gehört, denn die sind jetzt geschieden. Eheschließungen und Immobilienkäufe scheinen in unserer Gesellschaft anders wahrgenommen zu werden, obwohl die Scheidungsrate im Jahr 2021 bei 39% lag und die durchschnittliche Ehe nur etwa 14 Jahre hält, während die meisten Leute bis ins hohe Alter mit ihrer Eigentumswohnung „verheiratet" bleiben, ohne daraus ein großes Thema zu machen.

„Drum prüfe, wer sich ewig bindet…" gilt natürlich auch – oder vor allem – für Eigentumswohnungen. Sie werden schließlich viele tausend Euro investieren, vermutlich sogar kreditfinanziert. Aus Ihrem Bekanntenkreis hören Sie immer wieder dieselben Unkenrufe (meistens von Leuten, die selbst kein Wohnungseigentum besitzen). Dabei wird dort meistens in die falsche Richtung geschaut. So warnt man Sie vielleicht vor Dingen wie diesen:

- Was ist, wenn mal das Dach kaputt geht?
- Und wenn mal die Heizung erneuert werden muss?
- Wenn der Mieter auszieht, musst Du die ganze Wohnung sanieren!
- Wenn mal einer nicht zahlt, dann bekommst Du ihn niemals mehr aus der Wohnung raus!

Solche Kollateralkatastrophen sind aber sehr selten. Und gewiss treten sie nicht ohne Vorwarnung von heute auf morgen ein. Viel schlimmer als ein kaputtes Dach oder eine veraltete Heizung ist es, wenn Sie an eine problematische Eigentümergemeinschaft geraten oder der Verwalter eine Pfeife ist. Mit den falschen Leuten an Bord ist es schier unmöglich, eine Sanierung anständig durchzuziehen. Vor allem laufen die Handwerker Ihnen davon, wenn sie ständig von unterschiedlichen Eigentümern mit Fragen torpediert werden. Deswegen sollten Sie lieber auf genau diese Aspekte achten, wenn Sie nach einer Wohnung suchen:

- Verwalter, die weder die Kommunikation noch ihren Job beherrschen. Man erkennt sie am klassischen Dreiklang: Sie gehen nicht ans Telefon, rufen nicht zurück und antworten auch nicht auf Emails. Zu den Gründen später mehr.
- „Komplizierte" Miteigentümer. Eine harmlose Beschreibung für Mitmenschen, mit denen Sie lieber nicht im gleichen Grundbuch stehen möchten.
- „Präsidiale" Verwaltungsbeiräte, die der WEG ihre eigenen Richtungsvorgaben aufzwängen, ihre Befugnisse nicht kennen und übers Ziel hinausschießen.

Schauen wir uns diese Themen im Detail an, denn auf *diese* Faktoren müssen Sie beim Wohnungskauf wirklich achten:

Verwalter, die weder die Kommunikation noch ihren Job beherrschen

Jede Kontaktaufnahme zur Hausverwaltung scheitert schon an den Kommunikationsbarrieren. „Geht nicht ans Telefon und ruft nicht zurück", bestätigen auch die Nachbarn. Ich verspreche Ihnen – das wird nicht besser, wenn Sie die Wohnung erst einmal gekauft haben. Es gibt keine Mailadresse und die Verwaltung hat feste Telefonzeiten, dort lebt man wohl wie die Postbeamten in den 70er Jahren: Der Anrufbeantworter zeichnet zwar nicht auf, empfiehlt aber ein Fax zu schicken. Aber Ihr Fax steht verstaubt im Keller, weil es heutzutage niemand mehr nutzt...

Kundenservice? Ein Fremdwort! Das hören Sie von vielen frustrierten Wohnungseigentümern, wenn sie über ihren Verwalter sprechen. Abrechnung, Eigentümerversammlung, Kontaktaufnahme – nichts läuft wirklich rund.

Ihre neuen Miteigentümer bestätigen: Ist die Jahresabrechnung im September endlich fertig, verstehen Sie nur Bahnhof. Ein Urwald aus Ziffern, Listen und Begriffen, durch den niemand so richtig durchblickt, lässt Sie erkennen, dass ein Kurs in höherer Mathematik wahrscheinlich spannender ist als die Lektüre dieses Zahlenwerks. Müssen Sie Buchalter oder Wirtschaftsprüfer sein, um das Zahlenwerk zu durchblicken? Muss eine Jahresabrechnung unbedingt ein Urwald voller unverständlicher Begriffe und Zahlen sein? Nach zwei oder drei Versuchen, das Zahlendickicht (Schriftart Courier New, Größe 12) doch zu bändigen, geben Sie entnervt auf und suchen einfach nur nach Ihrem „Saldo", aber Sie erkennen nicht, ob es sich um ein Guthaben oder eine Nachzahlung handelt. Hierzu müssen Sie noch eine Runde drehen und die Ausgaben mit Ihren Vorschüssen vergleichen. Eigentlich hätten Sie ja ein paar Fragen zur Abrechnung, aber der Verwalter geht nicht ans Telefon, ruft nicht zurück... Sie sehen schon.

Das Herumdrucksen des Vorbesitzers ist durchschaubar – bei den Eigentümerversammlungen war er eigentlich nie – oder nur mit Zähneknirschen. In der Einladung finden Sie höchstens ein paar Stichworte und den Versammlungsort. Aussagekräftig ist dort nichts. Wenn Sie überhaupt hingehen, sehen Sie leichenblasse oder frustrierte Miteigentümer. Kommunikation? Durchgefallen. Der Verwalter hält seinen eintönigen Monolog, aber niemand kann ihm so richtig folgen. Die Themen wurden kaum vorbereitet, und es gibt zu den Baumaßnahmen weder Fotos, noch Angebote oder jedwede Form der grafischen Aufbereitung. Es ist zum Verzweifeln. Wenn jetzt über eine größere Instandsetzung beschlossen wird, kann es teuer werden, also trinken Sie bloß viel Kaffee, damit Sie wach bleiben!

Leider werden viele Regeln des WEG-Rechts von überlasteten Verwaltern dazu missbraucht, dem Kunden zu erklären, warum man ihm nicht helfen kann. „Datenschutzgründe" sind die häufigste Ausrede. Viele Verwalter sollten kundenorientierter arbeiten. Leider benutzen viele die Regeln von WoEigG, DSGVO & Co. als Vorwand, um sich die Kunden vom Leib zu halten. Das WEG-Recht darf nicht zum Vorwand degradiert werden, untätig zu bleiben.

Für Sie bedeutet das: Bei der Suche nach einer Eigentumswohnung sollten Sie die potentiellen Nachbarn fragen, wie das Verhältnis zur Hausverwaltung und deren Erreichbarkeit ist. Ein Hausverwalter, der schon lange Jahre dabei ist und in gutem Austausch mit der WEG steht, ist für Sie ein wesentlicher Vorteil.

Kapitel 6: Warum läuft so vieles schief?

„Komplizierte" Miteigentümer

Verhaltensauffällige Miteigentümer – der Horror jedes Wohnungskäufers. Er installiert hinter seinem Türspion eine Kamera, weil Bill Gates ihn impfen und in eine Höhle verschleppen will. „Birds are not real!" Was faselt der da? Er soll doch bitte die Kamera entfernen, damit Sie nicht auf dem Weg zur Wohnungstüre aufgezeichnet werden. Will er aber nicht. Schließlich zapft die Regierung ja sein Internet an. Die sollen zuerst aufhören, dann kommt die Kamera weg. Kopfschütteln? Sie können ihn verklagen, aber das dauert – und ändert nichts daran, dass Sie neben diesem sonderbaren Menschen wohnen.

Oder gleich mehrere? Zugegeben, richtig Verrückte Menschen findet man selten, aber vielleicht gibt es in Ihrer WEG ein paar Eigentümer, die das WEG-Recht anzweifeln, wenn es dem eigenen Geldbeutel zuwiderläuft? Haben Sie etwa einen Wasserschaden an der Decke, weil die Balkonabdichtung über Ihrer Wohnung schadhaft ist? Die rechtliche Lage ist eindeutig: Die Eigentümergemeinschaft ist zuständig und muss sanieren. Eigentlich. Aber die Antwort der umsichtigen Herrschaften lautet: „Das kann doch gar nicht sein, bisher war immer alles gut. Sie lüften nur verkehrt! Warten Sie ab, das trocknet von alleine wieder."

Oder parkt etwa jemand auf Ihrem Stellplatz? In der Tat. Sie bitten ihn, woanders zu parken. „Nein!", so lautet die undifferenzierte Antwort. Sie hören sich die dümmsten Argumente an: Stimmt gar nicht, ist gar nicht Ihrer, das war schon immer so, Gewohnheitsrecht und so weiter. Zwar stehen Sie im Grundbuch dieses Stellplatzes und die Rechtsprechung hat längst entschieden, dass es in Eigentümergemeinschaften kein Gewohnheitsrecht gibt. Trotzdem schaffen Sie dieses Problem nicht ohne den Miteigentümer aus der Welt. Solche Themen können weder eine Hausordnung noch ein Rechtsanwalt lösen, denn auch nach der Räumungsklage des Stellplatzes wohnen sie mit diesem Knilch unter einem Dach.

Wenn Sie das nächste Mal von Ihren Bekannten vor Eigentumswohnungen gewarnt werden, weil Heizung oder Dach erneuert werden müssen, dann wissen Sie, dass Sie gerade im falschen Film sind. Vor dem Kauf Ihrer Wohnung ist es wichtig, dass Sie sich ein Bild von der Verwaltung und von den potentiellen zukünftigen Nachbarn machen. Klingeln Sie einfach an ein paar Türen und stellen Sie sich freundlich vor. So bekommen Sie einen ersten Eindruck, wer da mit Ihnen im Grundbuch steht. Und mit den richtigen Nachbarn bekommen Sie auch jede Heizungs- oder Dachsanierung gemeinsam hin.

Schauen Sie sich vor dem Kauf auch die Protokolle der Eigentümerversammlungen an. Wenn die Versammlungen sich seit Jahren im Kreis drehen und immer die gleichen Themen von einer EV zur nächsten vertagt werden, weil man die Kosten bestimmter Maßnahmen nicht wahrhaben möchte oder sich nicht einigen kann, dann wird es auch nicht besser, wenn Sie ein akutes Problem haben, bei dem Sie Unterstützung benötigen. Am Aufbau der Protokolle erkennen Sie außerdem, wie der Verwalter seinen Job macht – ob er nur Stichworte aufs Blatt schmiert, oder das Protokoll gründlich aufbereitet und mit wichtigen Anmerkungen anreichert.

Ihre wichtigste Aufgabe vor dem Kauf ist es, die „faulen Eier" bzw. Eigentumswohnungen möglichst frühzeitig auszusortieren. Hundertprozentige Sicherheit gibt es natürlich nie – siehe das Beispiel von Familie Schmitz und Müller, aber lieber machen Sie eine gründliche Analyse vor der notariellen Unterschrift, als ein dummes Gesicht danach. Ich kann Sie beruhigen: Die meisten Eigentümergemeinschaften sind gut und die meisten Menschen verstehen das Prinzip von Geben und Nehmen.

Kapitel 6: Warum läuft so vieles schief? 205

„Präsidiale" Verwaltungsbeiräte

Der Umzugswagen steht rückwärts in der Einfahrt und Ihre Verwandten und Freunde fangen gerade an, die Möbel auszuladen. Da kommt eine grauhaarige, schmächtige Gestalt um die Ecke geschlichen und überreicht Ihnen seine noble Visitenkarte mit Familienwappen: Johann Adalbert von Bergmannshausen, Vorsitzender des Verwaltungsbeirats der Eigentümergemeinschaft Marienstraße 20a-d. So steht es ausdrücklich auf der noblen Karte. Haben Sie sowas schon einmal gesehen?

Er richtet sich auf und verweist auf die Hausordnung: Laut Beschluss vom 02. September 1978 ist die Benutzung des Treppenhauses nur in Zimmerlautstärke gestattet, Umzüge sind dem Beirat schriftlich mit Frist von 14 Tagen zur Genehmigung einzureichen und am Sonntag ist generell Ruhe zu bewahren. Und jetzt fragt dieser Möchtegern-Staatsanwalt Sie nach dem Wochentag. Ja, es ist Sonntag, weil Sie nur heute Ihre Mitstreiter zum Umzug zusammentrommeln konnten. Von Ihrem persönlichen Lebenswandel lässt er sich nicht weiter beeindrucken und führt aus, dass er aufgrund der rechtsgültig beschlossenen Hausordnung keine andere Möglichkeit habe, als Ihnen (im Namen der Eigentümergemeinschaft) den heutigen Umzug zu untersagen. Bei Zuwiderhandlung werde er unverzüglich das Ordnungsamt rufen.

Ganz eindeutig – dieser Mensch leidet unter einer klar erkennbaren Verhaltensstörung. Ob der Beschluss aus dem Jahre 1978 gerichtsfest ist? Zweifelhaft. Sei es nun Sonntag oder nicht: Darf der Beiratspräsident Ihnen die Mitbenutzung des Gemeinschaftseigentums untersagen? Unwahrscheinlich, schließlich gehört es ja auch Ihnen anteilig. Aber leider glaubt Ihr neuer Freund, er habe das Recht – nein, die Pflicht – sich hier aufzuspielen, um Ihnen den Umzugstag gehörig zu versalzen.

Lassen Sie ihn ruhig das Ordnungsamt, die Polizei oder die Zoobehörde rufen. Vielleicht hören Sie auch einfach weg oder singen ihm ein Lied. Das eigentliche Problem ist, dass manche Beiräte ihre Kompetenzen ein wenig überschätzen und sich als Präsident der WEG sehen – und natürlich entsprechend behandelt werden möchten. Laut Gesetz hat der Beirat die Aufgabe, den Verwalter bei der Durchführung seiner Aufgaben zu unterstützen. Aber leider findet man immer wieder bestimmte

Menschentypen im Beirat, die genau das nicht tun, sondern lieber Verwalter und Miteigentümer herumkommandieren oder ihnen Anweisungen geben möchten.

Die Eigentümergemeinschaft hat sicherlich ihre eigenen Probleme mit diesem Typen. Aber was bedeutet das für Sie? Wenn die Wohnung einmal gekauft ist, ist es zu spät. Wenn Sie nicht gerade Psychiater oder Zirkusdirektor sind, wäre es besser, Sie hätten das Problem vorher erkannt und jemand anderen die Bude kaufen lassen. Es wäre schon gut, die Situation vorher zu kennen, oder? Deswegen sollten Sie bei Ihrer Wohnungsrecherche unbedingt Gespräche mit Beirat und zukünftigen Miteigentümern einplanen.

Warum ist die Hausverwaltung nie erreichbar?

Teil 1: Immer das gleiche

Es ist doch immer das gleiche: Die Hausverwaltung ist nicht erreichbar und ruft nicht zurück. Wenn Sie mal ein Anliegen haben, brauchen Sie starke Nerven und Durchhaltevermögen. Weder Gärtner noch Treppenhausreinigung machen ihren Job vernünftig. Von Monat zu Monat wird es schlimmer. Warum macht denn niemand etwas? Sie haben zwar schon versucht, es der Verwaltung zu melden, aber es war eine Tortur: Email? Haben die nicht. Sie konnten höchstens versuchen, auf den Anrufbeantworter zu sprechen. Vielleicht ruft ja in ein paar Wochen jemand zurück? Jedenfalls sehen Sie jedes Jahr in der Abrechnung, dass Sie von den faulen Handwerkern kräftig zur Kasse gebeten werden – und Ihnen fehlt jede Möglichkeit, sie zu kontrollieren oder auszutauschen.

Die Jahresabrechnung erhalten Sie frühestens im Herbst, und sie ist absolut unverständlich. Aktiva, Passiva, Saldenliste, da brummt Ihnen der Schädel. Die Verwaltung macht keine Anstalten, Ihnen die Abrechnung zu erklären. Ein ungeheures Zahlendickicht aus Kostenarten, Buchungskontonummern und sonstigen Ziffern. Was sind Soll- und Ist-Kosten? Und ist der „Saldo" jetzt Nachzahlung oder Guthaben?

Auch in der Einladung zur Eigentümerversammlung keine Spur von Transparenz, nur ein paar ungenaue Überschriften. Da steht was von „Anstrich Treppenhaus" und „Sanierung Balkone", aber woher sollen Sie wissen, wie teuer die Maßnahme wird und welchen Anteil Sie bezahlen? Wird das aus der Rücklage finanziert oder wird eine dicke Sonderumlage erhoben? Wer entscheidet eigentlich, welcher Handwerker beauftragt wird? Hoffentlich nicht der Schwager des Verwalters, dem das Unternehmen gehört!

Von couragiertem Einsatz mit Leib und Seele erkennen Sie bei der Verwaltung überhaupt nichts, obwohl man Ihnen genau das damals bei der Neuwahl versprochen hat. Dabei haben Sie sich doch unbedingt eine größere Verwaltungsfirma gewünscht, damit Sie immer einen Ansprechpartner, eine Urlaubsvertretung und einen Notdienst haben. Genau das Gegenteil ist eingetreten. Die linke Hand weiß nicht, was die rechte tut. Jetzt haben Sie eine Verwaltung mit Fünfjahresvertrag an der Backe, aber wenn Sie ein Problem haben, lässt man Sie alleine. Wenn Sie anrufen, weiß niemand Bescheid, wenn überhaupt jemand drangeht. Sie können nur hoffen, dass Sie niemals dringend auf die Verwaltung angewiesen sind.

Solche Geschichten sind der Normalfall, wenn wir mit potentiellen Neukunden sprechen, die einen neuen WEG-Verwalter suchen. Es scheint, als gehöre es zum Berufsethos, seine Kunden im Regen stehen zu lassen. Transparenz scheint nicht erwünscht zu sein. Wie traurig, dass viele Immobilieneigentümer mit ihren Problemen allein gelassen werden.

Woran liegt das? Gibt es da wirklich nur Pfeifen am Markt?

Natürlich gibt es immer mehrere Gründe, aber einer drängt sich auf: Bestimmte Kunden überlasten ihren WEG-Verwalter so sehr, dass einfach keine Kapazität mehr für alle anderen übrigbleibt. Ganz wenige Querulanten belästigen die Verwaltung mehrmals täglich, um über die unterschiedlichsten Themen zu diskutieren, sei es die Balkonsanierung die seiner Meinung nach bis Ende des Monats im Eilverfahren durchgezogen werden muss oder der Wunsch des Beirats nach wöchentlichen Meetings. Solche Kunden verdrängen alle anderen, weil für deren Belange keine Zeit mehr bleibt. Die guten Kunden wiederum wundern sich, dass sie telefonisch niemanden erreichen. Je niedriger die Grundgebühr der Verwaltung, desto schlimmer wird das Problem, weil weniger Personal für die Erledigung der Arbeit bezahlt werden kann.

Ein Verwalter kann und sollte gegensteuern, indem er eine bestimmte Negativselektion aus seiner Kundschaft konsequent vor die Tür setzt, um die übrigen Kunden zu schützen. Versicherungsgesellschaften machen das genauso. Zu hohe Schadenquote? Schon kommt am Ende des Jahres die Kündigung. Unterm Strich werden die guten Kunden damit geschützt. Diese Erkenntnis ist aber leider noch nicht zu den Hausverwaltern durchgedrungen. Stattdessen konkurriert man hier lieber über niedrige Preise und liefert im Ergebnis schlechten Service ab.

Warum können bestimmte Kunden die Verwaltung derart überbeanspruchen? Anders als Rechtsanwälte werden WEG-Verwalter mit der

Kapitel 6: Warum läuft so vieles schief? 209

monatlichen Grundgebühr pauschal für einen Großteil ihrer Arbeit bezahlt. Dazu gehören auch Telefonate, die Beantwortung von Anfragen per Email und regelmäßige Meetings mit dem Beirat einer jeden WEG. Obwohl es laut Gesetz der Job des Beirats wäre, den Verwalter bei der Durchführung seiner Aufgaben zu unterstützen, dreht dieser in der Realität manchmal den Spieß um – und beschäftigt den Verwalter mit kleinteiliger, zusätzlicher Arbeit. Rechtsanwälte stellen nach der Erstberatung eine Rechnung über 300 EUR plus MwSt. Da überlegt man sich, ob man wirklich nochmal anrufen sollte. Bei Verwaltern ist das anders: Kunden müssen keinen Cent bezahlen, um ihn zu kontaktieren, Dinge zu hinterfragen oder ihn mit verschiedensten Aufgaben zu beschäftigen.

Der Verwalter muss aber jedes Anliegen ernstnehmen, sonst macht er sich unter Umständen haftbar. Das ist ja auch sein Job, und dafür bezahlen Sie ihn. Es gibt aber bestimmte Kunden, die dieses Recht gnadenlos ausreizen (zu den Beispielen kommen wir gleich). Diese Kunden können nicht zwischen dringend und nicht dringend differenzieren, oder kommen täglich mit neuen Arbeitsbeschaffungsmaßnahmen auf den Verwalter zu. Genau wie manche Patienten, die die Wartezimmer von Ärzten verstopfen, weil sie als Kassenpatient dafür nichts bezahlen müssen, gibt es auch im Immobilienbereich bestimmte Wohnungseigentümer, die ihre Verwaltung überlasten und an den Rand des Wahnsinns treiben. Nebensächliche Anfragen, die per Email gestellt werden, beginnen in der Betreffzeile mit „DRINGEND: …". Nach wenigen Stunden kommt die zweite Mail mit Betreff „ERINNERUNG: …". Sie fragen: „Wann können wir mit Ihrer Antwort rechnen?" Und so kann es vorkommen, dass die Mitarbeiter der Hausverwaltung schon um zwölf Uhr mittags völlig ausgelaugt sind. Leider haben sie dann schon keine Kraft mehr, die Anliegen der restlichen Kunden konzentriert abzuarbeiten. Und wenn Sie jetzt anrufen und eine kurze Frage zur Jahresabrechnung haben, können Sie sich leider vorstellen, was passiert.

Teil 2: Das Pareto-Prinzip

Der italienische Ökonom Vilfredo Pareto fand heraus, dass 20% der Erbsenpflanzen in seinem Garten am kräftigsten wachsen und 80% der Ernte hervorbrachten. Seitdem wird das sogenannte 80-20-Prinzip auf die unterschiedlichsten Sachverhalte angewendet, bei denen es um verschiedene Formen von Aufwand und Ertrag geht. Auf Hausverwaltungen bezogen bedeutet das Pareto-Prinzip, dass 20% der Kunden 80% der Arbeit verursachen können. Oftmals ist die Quote noch viel ausgeprägter, z.B. bei 10% zu 90%. Wenn aber 10% der Kunden satte 90% der Arbeit verursachen, wo ist dann noch Zeit für die übrigen 90% der Kunden? Was die Finanzen angeht, zahlen alle Kunden ja in der Regel eine ähnliche Grundgebühr. Im Extremfall könnte man sagen, dass 10% der Kunden nur 10% des Umsatzes ausmachen, aber 90% der Arbeit verursachen – während 90% des Umsatzes von Kunden quasi automatisch generiert wird, die nur 10% des Arbeitsaufwandes verursachen. Das ist in der Realität oft zu beobachten.

Fakt ist: Der Verwalter muss sich um die Wünsche und Anliegen der Eigentümer kümmern! Als Wohnungseigentümer sollten Sie Ihren Verwalter immer alles fragen können und haben einen Anspruch, dass man Ihnen kurzfristig antwortet. Leider reizen bestimmte Kunden dieses Recht gnadenlos aus.

WEG-Verwalter und Versicherungskonzerne haben viele Parallelen: Um sich nicht haftbar zu machen, müssen beide jedes Anliegen ernstnehmen, sei es nun eine Anfrage eines Eigentümers oder eine Schadenmeldung.

In beiden Fällen stehen konstante Grundgebühren (Verwaltervergütung bzw. Versicherungsprämien) einem variablen Aufwand gegenüber (Arbeitszeit, Personalkosten bzw. Schadenbeseitigungskosten). Vor allem in der Gebäudesparte haben Versicherungsgesellschaften mit hohen Schadenquoten zu kämpfen. Obwohl beide Ausgangspositionen sich ähneln, reagieren Verwalter und Versicherungen völlig unterschiedlich:

Kapitel 6: Warum läuft so vieles schief?

- Versicherungen setzen schlechte Kunden vor die Tür, wenn die Schadenquote zu hoch ist (z.B. ein Haus mit fünf Wasserschäden pro Jahr). So bereinigen die Gesellschaften ihr Portfolio, um weiterhin kostendeckend arbeiten zu können und ihren Kunden im Schadenfall weiterhin schnell helfen zu können. Sie fühlen sich ihren Mitarbeitern und ihren guten Kunden gegenüber verpflichtet, so zu handeln.

- Viele WEG-Verwalter hingegen behalten schlechte Kunden oftmals, weil sie Angst haben, nicht genug Umsatz zu machen, um die Mitarbeiter bezahlen zu können. Bei niedrigen Preisen muss es eben über die Masse gehen. Zwar gibt es immer mehr Eigentümergemeinschaften und immer weniger Verwalter, was zwangsläufig zu steigenden Preisen führen muss. Trotzdem ist dieses Denken bei den Ü50-Verwaltern noch extrem stark verwurzelt. Es stammt aus der Zeit vor der Jahrtausendwende, als jeder Hinz und Kunz sich berufen fühlte, nebenbei Häuser zu verwalten. Nach vielen Jahrzehnten Verwalterdasein haben sich die Mitarbeiter entweder wegbeworben oder sind verschlissen und demoralisiert. Gute Kunden haben es den Mitarbeitern gleichgetan und sind aus bekannten Gründen verschwunden. Die Verwaltung hat nur noch Schrott im Schlepptau, weil der Chef den Umsatz nicht verlieren möchte. Aber er hat vergessen: „Wer nur ja sagt, der macht Umsatz; wer auch nein sagt, macht Gewinn." Was passiert? Das Gegenteil! Die Mitarbeiter sind mittags schon völlig fertig und ausgelaugt, weil die besagten 10% der „Premium-Kunden" ihnen bereits jetzt die letzte Energie geraubt haben. Sie haben keine Kraft mehr, um die Routinetätigkeiten zu erledigen, melden sich krank oder werden schwanger. Nachdem das Personal ausgefallen ist und sich heutzutage niemand mehr auf die Stellenanzeigen zum WEG-Verwalter bewirbt, muss der Chef nun mit anpacken – oder die ganze Arbeit alleine machen. Somit gerät er auch unter die Räder und erkennt viel zu spät, was es bedeutet, die falschen Kunden an Bord zu haben – und geht bestimmt nicht mehr ans Telefon, wenn Sie anrufen. Weil er sieht, dass das Geschäft nicht mehr läuft, senkt er die Preise noch weiter. Womit er sich nur sein eigenes Geschäft kaputtmacht, weil er noch weitere Schrottkunden anlocken wird, die ausschließlich auf den Preis achten und sich bei jeder Kleinigkeit beschweren.

Teil 3: Verrückte Kunden und die Negativselektion

Wenige Sandkörner im Getriebe können ausreichen, um den ganzen Motor lahmzulegen. Weil viele Verwalter sich nicht von Störenfrieden trennen, schauen sie irgendwann gar nicht mehr in ihre Mails, und wenn das Telefon klingelt, dreht sich ihnen der Magen um. Die Kunden wundern sich, warum sie niemanden erreichen oder erst Wochen später eine Rückmeldung bekommen.

Damit keine Missverständnisse entstehen: Ernstgemeinte Fragen dürfen Sie immer und jederzeit stellen, das ist Ihr grundlegendes Recht. Wenn Sie etwas nicht verstehen, sollten Sie nachfragen. Sie sind schließlich kein Mieter. Leider übertreiben jedoch manche Leute maßlos, und so gibt es auch ein paar „Beschäftigungstherapeuten", die streng genommen keine ernsthaften Fragen stellen, sondern den Verwalter praktisch täglich mit neuen Arbeitsbeschaffungsmaßnahmen konfrontieren. Zum Beispiel, wenn sie etwas in der Zeitung gelesen haben oder sich am Wochenende im Treppenhaus nach Prüfsiegeln oder schief liegenden Türmatten umgesehen haben. Weil der Verwalter verpflichtet ist, jedem Hinweis nachzugehen, kann er ihre Anfragen nicht einfach ignorieren. Wenn doch etwas passieren sollte, wäre der Ärger groß.

Wie eine Beschäftigungstherapie im Einzelnen aussehen mag, ist natürlich ganz individuell. Wesentliche Kapazitätsfresser, die jeder Verwalter so oder so ähnlich in seinem Portfolio hat, fallen aber meist unter eine der folgenden Kategorien:

Tatsachen verschwiegen

Ich habe einmal eine WEG übernommen, die offenbar keinen neuen Verwalter mehr finden konnte und mir daher wesentliche Details verschwiegen hat. Beim Kennenlerngespräch versicherte man mir, dass es weder Sanierungsstau noch sonstige größere Probleme gibt, die erwähnenswert wären. Bei Übergabe der Verwaltungsunterlagen, wurden mir dann u.a. drei Regalmeter Gerichtsakten übergeben. Die Eigentümer trugen seit etlichen Jahren untereinander einen erbarmungslosen Rechtsstreit aus. Manche Prozesse lagen noch beim Amtsgericht, andere waren bereits in der zweiten oder dritten Instanz. Das sah man wohl im Vorfeld nicht als erwähnenswert an. Wer als Verwalter solche

Kapitel 6: Warum läuft so vieles schief? 213

Akten durchlesen muss, um sich mit dem Thema vertraut zu machen, ist um 13 Uhr völlig erschöpft und kann sich schlafen legen. Zumindest löst man an diesem Tag keine kognitiven Aufgaben mehr. Und selbstverständlich hat man dann auch keine Zeit mehr für andere Kunden, die vielleicht auch ein berechtigtes Anliegen haben.

Unnötige Arbeit

Wer Eigentum hat, muss es regelmäßig instand halten, sonst verliert es bald an Wert. Diese Tatsache steht völlig außer Frage. Gewisse hyperaktive Eigentümer übertreiben es aber mit der Instandhaltungsplanung und thematisieren ständig neue Baumaßnahmen. Aber eben nicht, weil es nötig wäre, sondern weil sie Lust darauf haben. Sie sind überzeugt, dass die Rücklage eh zu voll ist und dass man jeden ausgegebenen Euro ja von der Steuer absetzen könnte. Dass die Entscheidung die Eigentümerversammlung trifft, können diese Leute zwar meistens grundsätzlich nachvollziehen, aber „der Beschluss" muss ja vorbereitet werden – also leg los, Verwalter! Dass es auf der Eigentümerversammlung vielleicht gar keine Mehrheit für das Unterfangen gibt, sehen sie anders, „da kann man ja miteinander reden". Wie wäre es also mit neuen Balkongeländern? Unsere sind ja gar nicht mehr zeitgemäß. Außerdem sollte man vielleicht mal die Kellertreppe verschönern lassen. Die sieht immer so schäbig aus. Und wo wir gerade darüber sprechen – wie wäre es mit einer neuen Haustür oder einer Umgestaltung des Vordergartens? Eine sprudelnde Quelle ständig neuer Ideen. Wird die WEG die Maßnahme denn überhaupt beschließen oder ist es bloße Beschäftigungstherapie? Der Verwalter muss jedenfalls erstmal Kontakt zu verschiedenen Handwerkern aufnehmen, Angebote anfragen und dafür natürlich mit jedem der Handwerker Ortstermine wahrnehmen. Und natürlich müssen mindestens drei Angebote eingeholt werden – somit pro Vorschlag mindestens drei Ortstermine – vorausgesetzt, die Handwerker erscheinen und jeder gibt ein Angebot ab, was nicht selbstverständlich ist. Wenn auf der EV endlich alle Angebote und Kosten auf dem Tisch liegen, findet die Mehrheit die Kosten zu teuer. Moment, 12.000 EUR für eine neue Kellertreppe!? Viel zu teuer, damit haben wir nicht gerechnet. Das Thema „vertagen" wir auf die nächste Eigentümerversammlung. Bis dahin bitte weitere Angebote einholen. Oder der Vorschlag wird sofort begraben – der Verwalter hat umsonst gearbeitet.

Natürlich muss man hier differenzieren: Die Instandhaltung des Gemeinschaftseigentums gehört zu den Kernaufgaben des Verwalters. Es macht aber einen großen Unterschied, ob die Eigentümer eine Maßnahme wirklich umsetzen wollen – oder ob der Verwalter einfach mal willkürlich beschäftigt wird, Angebote für einen vagen Vorschlag einzuholen.

Doppelte Arbeit

Wenn eine Eigentümergemeinschaft sich untereinander nicht einig ist, steigert das die Arbeit deutlich. Wenn die Eigentümer kompliziert sind oder sich untereinander nicht verstehen, bekommt das auch der Verwalter ab. Man gibt ihm widersprüchliche Anweisungen, oder Beschlüsse werden gefasst und später wieder zurückgenommen. Das steigert Vorbereitungsarbeiten deutlich. Wenn die bei den Handwerkern abzufragenden Leistungen unklar sind, bleibt es meistens nicht bei drei Ortsterminen, um Angebote zu bekommen. Wenn sich die Anforderungen nach der EV ändern, müssen die Handwerker nochmal vorbeischauen, um abermals Angebote abzugeben.

Schwierige Eigentümergemeinschaften bringen aber nicht nur bei Instandhaltungsmaßnahmen doppelte und dreifache Arbeit. Oft werden Konflikte auf dem Rücken des Verwalters ausgetragen. Vielleicht können zwei Eigentümer sich nicht leiden und gönnen sich gar nichts. Nun wird die Jahresabrechnung wegen der Personenzahl in Zweifel gezogen. Die Schwiegereltern waren doch letzten Frühling für zwei Wochen da – das bedeutet zwei Personen mehr für drei Wochen. Es geht zwar nur um 23 EUR, aber wegen solcher Kleinigkeiten wird nun Einspruch gegen die Jahresabrechnung erhoben, und die Eigentümergemeinschaft besteht darauf, dass der Verwalter die Abrechnung nochmal neu erstellen muss. Auch hier hängt ein ganzer Rattenschwanz dran. Die Abrechnung muss im Computer korrigiert werden, Daten sichern, speichern, drucken, versenden. Und natürlich an die Fristen denken. Zwischen Versand der Abrechnung und Beschlussfassung auf der nächsten EV müssen mindestens drei Wochen liegen.

Vermeidbare Arbeit

Je weniger sich die Eigentümer untereinander einig sind, desto wahrscheinlicher sind Konflikte und der Gesprächsbedarf. Das bedeutet, dass wahrscheinlich mehrere Versammlungen im Jahr nötig sein werden, um den Gesprächs- und Diskussionsbedarf zu decken, auch wenn die Eigentümer sich trotzdem nicht einig werden. Mehrere Versammlungen stehen ihnen ja gesetzlich zu, wann immer es etwas zu besprechen gibt und 25% der Eigentümer die Einberufung einer EV fordern.

Das Ergebnis betrifft Sie

Wenn 10% der Kunden 90% der Arbeit verursachen, schauen die übrigen in die Röhren, obwohl sie Besseres verdient hätten. Wenn Sie nun Ihren Verwalter anrufen, weil Sie eine Frage zur Abrechnung haben, ist er nicht erreichbar, weil er gerade beschäftigt ist, Angebote einzuholen, die sowieso nie beschlossen werden, oder sich vom Wirtschaftsprüfer Konzernbilanzen erklären zu lassen, die für die WEG-Abrechnung unerheblich sind. Wenn sich Ihr Hausverwalter also gerade für die besagten 10% der Kunden im Hamsterrad abstrampelt, kommt er nicht dazu, sich um die guten 90% der Kunden zu kümmern, zu denen Sie vermutlich gehören. Sie warten nun viel zu lange auf Ihre Abrechnung oder auf die Einladung zur Eigentümerversammlung. Sie merken nur eins: Der Verwalter geht nicht ans Telefon, ruft nicht zurück und antwortet nicht auf Emails.

Gebäudeversicherungen sind konsequenter als WEG-Verwalter. Dort betreibt man vehement eine gewisse „Kundenhygiene". Wer eine üble Schadenquote hat, bekommt die Kündigung, weil die Versicherung sonst draufzahlt. Wer als Hausverwalter halbwegs unbeschadet das Renteneintrittsalter erreichen möchte, ohne seine Gesundheit den 10% zu opfern, die es ihm eh nicht danken, sollte sich vielleicht etwas mehr an Versicherungsgesellschaften orientieren.

BWL für Hausverwalter – Weg von der überarbeiteten Büroleiche

Die Lösung der ganzen Probleme könnte für viele Verwalter ganz einfach sein. Aber fangen wir mal ganz von vorne an, wie die Geschichte bei mir abgelaufen ist.

Das Problem

Rückblick, Mai 2014: Um ein Uhr morgens sitze ich immer noch im Arbeitszimmer. Seit ich um halb sieben Uhr morgens den Rechner angeschaltet habe, ist das Postfach immer voller geworden, obwohl ich ständig dagegen gearbeitet habe. Jede meiner Mails hat mindestens fünf Antworten nach sich gezogen und so habe ich schon wieder 65 Mails im Posteingang und versuche verzweifelt, diese heute noch abzuarbeiten, damit ich endlich mal wieder einen leeren Posteingang habe. Heute haben mir wieder zwei Kunden im Laufe des Tages am Telefon verbale Ohrfeigen verpasst, weil ich ihre unrealistischen Vorstellungen einfach nicht zu erfüllen vermochte. Eine vollständige Balkonsanierung für 1.500 EUR herbeizuzaubern, und das auch noch bis Ende des Monats, war auch damals schon utopisch – und die Konflikte mit den verhassten Nachbarn kann ich beim besten Willen nicht für den Schreihals lösen, der seine Wut dann eben an mir ausgelassen hat. Blick auf die Uhr – nun ist es 1:30 Uhr und ich sollte langsam mal schlafen gehen – oder wenigstens das Mittagessen nachholen. Aber die Arbeit türmt sich noch immer, und morgen früh kommt bestimmt der nächste Schwung Emails. Ist das im Laufe des Tages überhaupt mal weniger geworden? Irgendwas muss sich ändern!

Ich sehe mich als Dienstleister und versuche immer, die Probleme anderer Leute zu lösen. Bei manchen Leuten und ihren Problemen stößt man aber auf Granit. Wenn die Personen unrealistische Erwartungen haben, oder die Mitglieder der Eigentümergemeinschaft keinerlei Gemeinschaftsgefühl besitzen, hilft der beste Verwalter nichts. Meine „Kümmerei" für die Sorgen anderer Leute führte jedenfalls dazu, dass ich 2014 völlig überladen war.

Kapitel 6: Warum läuft so vieles schief?

Die Analyse

Das war natürlich kein Leben. Dann habe ich ein paar Sachen erkannt: Der Job als Hausverwalter hat nämlich die angenehme Eigenschaft, dass es eine pauschale monatliche Grundvergütung gibt. Interessant ist auch, dass es bestimmte Kunden gibt, die den Verwalter ständig beanspruchen, anrufen, Rückfragen haben, Dinge besprechen oder einfach nur ihren Frust abladen wollen. Andere Kunden melden sich quasi das ganze Jahr lang überhaupt nicht, zahlen aber die gleiche Grundgebühr. Wieder das Pareto-Prinzip! Es machen 10% der Kunden 90% der Arbeit – während 90% des Umsatzes von Kunden kommt, die nur 10% der Arbeit machen.

Das Pareto-Prinzip zur Kundenselektion

Ich beginne, ein Kundenranking zu machen, mit einer 90:10-Analyse, und nachzuhalten, wer welche Zeit in Anspruch nimmt. Welche Kunden rufen mehrmals pro Woche an und mit wem habe ich schon seit Wochen nicht mehr telefoniert? Wer meldet sich so gut wie gar nicht? Gibt es eine Konzentration? Nehmen mich bestimmte Eigentümergemeinschaften mehr in Anspruch als andere? Aber ja! Und wie. Als ich meine Liste ein paar Monate lang führe, ist das Ergebnis deutlich erkennbar: Zehn Prozent der Kunden sind verantwortlich für 90 Prozent meiner Arbeit und meines Kummers, während sie aber nur zehn Prozent des Geldes bringen.

Obwohl es ein bisschen Überwindung gekostet hat, habe ich diese Kunden dann radikal vor die Tür gesetzt. Und weil es Eigentümergemeinschaften sind, bedeutet das: Wenn ich nur einen nervigen Querulanten nicht mehr haben möchte, dann muss ich der ganzen Eigentümergemeinschaft kündigen. Es musste sein, also bin ich ganz radikal vorgegangen. Wenn auch nur einer von 20 Eigentümern sich im Ton vergriffen oder respektlos gewesen ist, dann fliegen alle. Das habe ich nicht nur bei kundenseitigen Unverschämtheiten durchgezogen, sondern auch dann, wenn Eigentümer mich mit ständig neuen Aufgaben überschüttet haben, z.B. immer wieder Angebote für Maßnahmen einzuholen, die am Ende klar an der Mehrheit scheitern und doch nicht beschlossen werden.

So habe ich viele Kunden vor die Tür gesetzt und Umsatz verloren. Sie werden es nicht glauben: Finanziell hat es sich absolut gelohnt. Weniger Kunden, mehr Geld? Wie soll das gehen? Wenn man die o.g. 10% der Kunden rausschmeißt, sind auch fast alle Störfaktoren abgestellt.

Ich konnte mich viel, viel besser um die restlichen 90% der Kunden kümmern – die ja auch ihre berechtigten Anliegen hatten, aber leider etwas auf der Strecke geblieben sind. Auch hier wiederum das 90–10–Prinzip: Wenn ich z.b. nur 10% mehr Arbeit in diese Kunden investiere, sind diese vielleicht 90% zufriedener mit dem Service oder ich erziele dort 90% bessere Ergebnisse. Auf einmal war ich im Wunderland, weil Kunden, die nur sehr wenig Arbeit verursachen, einen hochwertigen Premium-Service bekommen. Das merken die sich, es spricht sich rum und zieht noch mehr sehr gute Kunden an.

Die Kostendegression

Zum Pareto-Prinzip kommt der Effekt der Kostendegression. Im Fall von Hausverwaltern ist es wohl eher eine Arbeitsdegression. In der Betriebswirtschaft kennt man das, wenn z.b. eine Fabrik längere Zeit ein Produkt herstellt, dann stellen sich Lerneffekte ein und nächstes Jahr brauchen die Arbeiter nur noch 80% der Zeit (anstatt 100%), um das Produkt herzustellen.

Bei der WEG-Verwaltung ist das ähnlich. Wer als Verwalter gerade eine neue WEG übernommen hat, muss praktisch immer hinter seinem Vorgänger aufräumen. (Niemand wechselt einfach so den Verwalter!) Nach einigen Jahren sind die größten Themen aufgeräumt, und es fallen nur noch überwiegend Routinetätigkeiten an. Anstatt von 100% verursacht die WEG dann vielleicht noch 70% des Aufwandes oder weniger. Wichtig ist also, schlechte Kunden auszusortieren und gute Kunden langfristig zu halten, weil die Arbeit bei guten Kunden nach ein paar Jahren am geringsten ist.

Um es auf den Punkt zu bringen: Ein einziger Katastrophenkunde hat das Potential, mir so viele graue Haare zu bescheren, dass ich für die vielen guten Kunden überhaupt keinen klaren Gedanken mehr fassen kann. Meine wichtigste Aufgabe ist es, die guten Kunden zu beschützen und gut zu versorgen. Sie haben es verdient! Dazu ist es einfach erforderlich, schlechte Kunden vor die Tür zu setzen – auch wenn diese einen gewissen Umsatz bringen mögen. Wenn Sie also heute noch mein

Kapitel 6: Warum läuft so vieles schief?

Kunde sind, dann können Sie sicher sein, dass ich Sie und Ihre WEG von ganzem Herzen mag.

Die Kernkompetenz

Zudem habe ich mich entschieden, mich auf nur eine einzige Sache zu konzentrieren: Ich bin Experte für Wohnungseigentümergemeinschaften. Aufträge für Mietshäuser und Betriebskostenabrechnungen nehme ich nicht mehr an. Dafür gibt es immer noch genügend andere Dienstleister. Ich verwalte ausschließlich Wohnungseigentümergemeinschaften.

Kundenselektion und Konzentration aufs Wesentliche. So einfach geht das – die ganze Branche sollte sich diese Vorgehensweise schnellstens ebenfalls angewöhnen, um den schönen Beruf endlich wieder attraktiver zu machen. Versicherungen arbeiten ja nach genau demselben Prinzip und werfen ihre Kunden konsequent raus, wenn die Schadenquote zu hoch ist.

Warum erklärt der Notar Ihnen das nicht?

Die notarielle Beurkundung des Kaufvertrags ist Ihre Tür zum Wohnungseigentum. Obwohl der Notar der „Pförtner" zur Wohnungseigentümergemeinschaft ist, leistet er selten auch die angemessene Aufklärungsarbeit. Obwohl es bei Eigentumswohnungen sehr viele rechtliche Besonderheiten für Sie zu beachten gibt. Meistens stellt er nur Geschwindigkeitsrekorde auf, wenn er den Kaufvertrag vorliest.

Der Notar ist aber auch kein Lehrer. Sein Job ist es, dass Käufer und Verkäufer einen rechtssicheren Vertrag schließen, der allen juristischen Normen entspricht, damit es bei der Übertragung im Grundbuch keine Komplikationen gibt. Es ist nicht seine Aufgabe, Sie zum Thema Wohnungseigentum zu unterrichten.

Vom Straßenverkehr kennen wir das anders: Bevor Sie mit dem Führerschein auf die anderen Verkehrsteilnehmer losgelassen werden, müssen Sie zum Theorieunterricht und Fahrstunden nehmen. Erst dann dürfen Sie überhaupt zur Prüfung gehen. Wenn Sie mit dem TÜV-Prüfer im Auto die Leitplanke rammen oder über rot fahren, war's das.

Ganz anders im Wohnungseigentum. Zwar hat hier noch niemand eine Leitplanke gerammt, aber so mancher tauscht ungefragt die Fenster aus oder montiert eine Markise an den Balkon, weil er nicht weiß, dass er die Erlaubnis seiner Miteigentümer braucht. Oder versalzt seinen Nachbarn so manche Eigentümerversammlung, weil er von seinen Rechten und Pflichten nichts versteht und die rechtlichen Gegebenheiten in Frage stellt.

Eine „Führerschein-Prüfung" für werdende Wohnungseigentümer wäre klasse. Leider gibt es sie nicht, meistens hat der Notar nicht einmal eine Infobroschüre. Während Sie beim Autofahren intuitiv wissen, dass Sie dem Vordermann nicht zu dicht auffahren oder in den Gegenverkehr geraten sollten, steckt im WoEigG viel Zündstoff, der für Anfänger nicht leicht zu erkennen ist.

Es steckt viel Konfliktpotential in den Besonderheiten des Wohnungseigentumsrechts. Woher soll ein „durchschnittlicher" Eigentümer z.B. wissen, dass er Sachbeschädigung begeht, wenn er ohne Erlaubnis der

Eigentümerversammlung „seine" Fenster erneuert, die nun einmal zum Gemeinschaftseigentum gehören – oder wenn er einen Spion in die Wohnungstür einbohrt, die ebenfalls nicht ihm allein gehört? Richtig: Fenster, Wohnungstüren, Dach und Heizung sind zwangsläufig Gemeinschaftseigentum – und vieles mehr. Hingegen gehören die Nebenleitungen für Strom, Heizung und Wasser (ab der ersten Absperrung) Ihnen alleine, ebenso der Fußbodenbelag und die Innenseite des Balkons, dessen tragende und abdichtende Elemente wiederum zwangsläufig Gemeinschaftseigentum sind, ebenso wie alles, was man von außen sehen kann. Wenn Sie nicht aufmerksam Ihre Teilungserklärung gelesen haben, erklärt Ihnen das niemand.

Schlimmstenfalls führen Missverständnisse zu langwierigen Grabenkämpfen in einer WEG. Anwalts- und Gerichtskosten sind Wertminderungen, weil Geld aus Ihrer Tasche fließt. Laut statistischem Bundesamt gibt es pro Jahr rund 25.000 gerichtlich ausgetragene Binnenstreitigkeiten von WEGs. Natürlich sollten Sie sich wehren, wenn Ihnen Unrecht geschieht. Aber viele WEG-Prozesse wären vermeidbar, wenn mehr Aufklärungsarbeit geschehen würde. Manche Eigentümer hinterlassen eine Spur von gerichtlichen Aktenleichen, bloß um am Ende zu sagen „Ich hatte recht".

Oder auch nicht. Diese Leute erleiden nämlich oftmals Schiffbruch, weil sie ihr rechtsformspezifisches „Fachwissen" aus Internetforen beziehen. Dort findet man viel Gebrabbel. Schlimmer noch: Viele Beiträge stammen aus dem Mietrecht und werden einfach so interpretiert, als ginge es um Wohnungseigentum. Dann heißt es auf der Eigentümerversammlung: „Ich hab da was im Internet gefunden: Der Vermieter darf ...". Moment, der Vermieter? Hier verwechseln Sie ganz klar WEG- und Mietrecht. Das Wort „Vermieter" kommt im WoEigG genau einmal vor, und zwar im § 36 (2). Dort geht es um das Dauerwohnrecht, dem verkümmerten zweiten Teil des Gesetzes, den keiner anrührt.

Die Rechtsgrundlagen von Miet- und WEG-Recht sind trotz vielfacher Harmonisierungsbemühungen immer noch sehr unterschiedlich. Was im Mietrecht vorgeschrieben ist, kann im WEG-Recht verboten oder allenfalls geduldet sein – und andersrum. Es ist keine Schande, dass man schnell mit seinem Latein am Ende ist und im Internet nichts Brauchbares findet.

Hier besteht dringender Handlungsbedarf. Es gibt bisher keinen verpflichtenden WEG-Führerschein, der die Eigentümer vor dem Kaufvertrag fit für ihre neuen Rechte und Pflichten macht, die meisten Beratungsstellen sind immer noch viel zu sehr auf das Mietrecht spezialisiert und leider ersaufen viele WEG-Verwalter so sehr in ihrer Arbeit, so dass sie als letzte Instanz ebenfalls keine Zeit haben, um Aufklärungsarbeit zu leisten.